© Actes Sud, 2010
ISBN 978-2-7427-8954-2
www.actes-sud.fr

COLINE SERREAU

SOLUTIONS LOCALES POUR UN DÉSORDRE GLOBAL

ACTES SUD

Je remercie Charlotte Erlih pour sa collaboration précieuse.
C. S.

SOMMAIRE

9	Pour un retour en avant, *Coline Serreau*
15	Repartir de la vie du sol, *Claude et Lydia Bourguignon*
37	Agronomie : science de la gratuité, *Philippe Desbrosses*
45	Vers la sobriété heureuse, *Pierre Rabhi*
61	Les AMAP, le lien entre le chams et l'assiette, *Laurent Marbot*
71	Autonomie alimentaire, *Emmanuel Bailly*
79	Lutter contre la confiscation du vivant, *Dominique Guillet*
91	Recettes faciles pour l'agroécologie chez soi ou dans les champs, expériences d'Inde, *Stéphane Fayon*
99	Réinventer la démocratie, *Vandana Shiva*
113	Pour un développement politiquement incorrect ! *Devinder Sharma*
125	Le microcrédit ou la renaissance de l'économie par les femmes, *Muhammad Yunus*
135	De la terre pour tous, *João Pedro Stedile*
141	Les acteurs du Mouvement des sans-terre, *Valmir Stronzake, Patricia Martins Da Silva, Amarildo Zanovello et Leci Pereira*
153	Rompre le deal entre agriculture et industrie, *Ana Primavesi*
159	Le boycott, ou la grève des consommateurs, *Chico Whitaker*
165	Recettes faciles pour l'agroécologie chez soi ou dans les champs, expériences d'Ukraine, *Semen Antoniets, Vasiliy Loubeniets et quelques villageois autonomes*
173	Les femmes anthropocultrices, *Antoinette Fouque*
181	Petit exercice de déconstruction de la pensée libérale, grosse cure d'éthique : le don contre le donnant-donnant, *Jean-Claude Michéa*
193	Réévaluer la notion de richesse, *Patrick Viveret*
201	Repenser la croissance, *Serge Latouche*
209	Abécédaire de l'agriculture biologique
221	Dix actions simples, dès aujourd'hui
223	Bibliographie

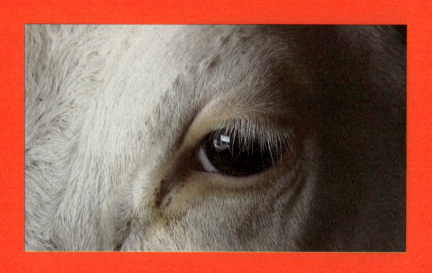

POUR UN RETOUR EN AVANT
Coline Serreau

La Belle Verte, que j'ai tourné en 1996, parlait déjà d'écologie et d'une transformation radicale de notre mode de pensée. Il était très en avance, et n'a rencontré le public que bien après sa sortie.
Il vient d'être réédité en DVD-livre (Actes Sud), c'est dire qu'il connaît une belle seconde vie.

Il y a trois ans, j'ai commencé à tourner pour mon plaisir des reportages sur divers sujets, dont un entretien avec Pierre Rabhi que je connaissais depuis quelques années.
En rentrant du Maroc où j'avais filmé quelques-unes de ses actions, je me suis dit qu'il fallait continuer ce travail et approfondir le sujet dans le monde entier, avec tous les acteurs du changement.
Je suis donc partie en Inde, au Brésil, en Ukraine, en Suisse, pour interviewer des gens qui proposaient des alternatives crédibles à notre système.
J'ai voulu que la parole soit portée autant par les théoriciens et ténors des différents mouvements que par les paysans et les petites gens qui sont les vrais acteurs et inventeurs des changements.
Je ne voulais pas faire un film qui culpabilise et déprime les gens.
En ce moment, chacun se débrouille comme il peut dans cette société malade et, pour la majorité des gens, la question de la survie économique se pose tous les jours : comment vais-je payer mon loyer, trouver un travail ou ne pas me faire licencier, payer les études de mes enfants, manger sainement sans me ruiner, aurai-je une retraite ?
Nous avons la responsabilité de changer de système, oui, mais responsabilité n'est pas culpabilité.
Il fallait d'abord mettre des mots vrais sur les chimères dont on nous berce : la réalité, c'est qu'un petit nombre concentre chaque jour plus de richesses dans ses mains, tandis que la majorité s'appauvrit inexorablement. Et les problèmes écologiques sont la conséquence de cette organisation de la société qui valorise l'exploitation, la prédation et le profit plutôt que les forces de vie.

Une fois qu'ils auront vu cette réalité et les dégâts qu'elle engendre, les gens, en leur âme et conscience, selon le cours de l'histoire, feront ce qui leur semble juste et bon pour eux, ce n'est pas à moi de leur donner des conseils.
Avec ce film, je montre qu'il existe partout dans le monde des gens qui, sans se connaître, font la même chose, ont la même philosophie de vie et les mêmes pratiques envers la terre nourricière.
Mettre en lumière cette universalité des solutions, tout autant que leur simplicité, c'était vraiment le but du film.
Je voudrais qu'après avoir vu le film, les gens aient de l'espoir, et l'envie de commencer tout de suite à agir et à inventer partout leurs propres solutions.
J'ai tourné 170 heures de rushes, avec ma caméra HD, dans une autonomie totale, qui correspondait au propos du film. Je voulais aussi que les mouvements de caméra soient libres et vivants, comme des yeux qui découvrent, regardent, sans grammaire imposée.
Le montage a obéi à un double impératif de clarté, de construction rigoureuse du propos tout en gardant une totale liberté dans la gestion des coupes et des illustrations.

Tout d'abord on analyse l'origine de cette forme d'agriculture qui vient des surplus d'armes de l'après-guerre, qui est donc une agriculture d'attaque contre la terre.
Ensuite on voit comment s'est perpétré un véritable génocide des paysans, puis comment, dans une logique de profit pour les industries chimiques et pétrolières et en volant l'argent public au profit de quelques-uns, on a éliminé tout ce que la terre et les animaux donnaient gratuitement pour y substituer des semences non reproductibles, de la chimie à outrance et l'éradication de la biodiversité.
Ce qui était précieux dans la biodiversité, c'est que chaque paysan gardait et sélectionnait les semences qui convenaient le mieux à son terroir, ce qui lui donnait la liberté et l'autonomie.
Les puissances industrielles sont venues mettre "de l'ordre" dans cette liberté en confisquant et interdisant les semences locales et en imposant des semences non reproductibles, qui ne poussent qu'avec des engrais et des

pesticides et qui sont protégées par des brevets que la population paie, enrichissant ainsi les industries semencières et pétrolières.

Tout ce processus aboutit à la mort de la terre qui devient un désert, virtuel pour le moment, car nous avons encore un peu de pétrole, mais sans pétrole nos terres sont stériles, mortes, ne peuvent plus rien produire.

De toute urgence il faut stopper cette production mortifère qui ne profite qu'à quelques-uns et met en danger notre sécurité alimentaire, réparer les terres, remettre debout une agriculture gratuite, saine et durable, qui redonne du travail à des millions de gens.

C'est faisable, la population doit l'exiger, les politiques doivent voter les lois qui le permettent.

Le patriarcat est une phase (passagère dans l'histoire de l'humanité) de déséquilibre entre les hommes et les femmes. Ce déséquilibre castre l'humanité de la moitié de ses forces et de sa créativité, il est responsable des dérives violentes et mortifères de nos sociétés.

C'est une maladie infantile, cela se soigne, et les mouvements de libération des femmes qui secouent nos sociétés depuis quelques siècles sont un début de remède à ce mal.

Les maladies infantiles peuvent être très dangereuses et mettre en péril la vie de notre jeune humanité.

Jeune car nous sommes les derniers arrivés dans l'ordre des espèces vivantes, et probablement les moins bien adaptés à ce monde.

Toute la question est : passerons-nous cette épreuve ?

Grandirons-nous en humanité, ou resterons-nous malades ?

Si nous grandissons, nous avons un bel avenir devant nous.

Si nous mourons, cela ne dérangera personne, cela arrangera plutôt les animaux, les plantes et les bactéries qui nous ont précédés dans l'univers et qui subissent chaque jour plus durement l'empire de notre arrogance.

L'un de nos grands "chantiers" philosophiques actuels est d'accepter que l'humain n'est supérieur à rien.

L'accepter, c'est vivre une blessure narcissique très violente, du même ordre que celle qui nous a frappés lorsque nous avons dû accepter de voir que la Terre était ronde, tournait autour du Soleil, qui n'était lui-même qu'une banale étoile semblable à des milliards de milliards d'autres dans un univers dont les véritables dimensions nous échappaient.

Claude Bourguignon nous dit que les généticiens ont été très vexés de découvrir que l'orge a deux fois plus de gènes que l'homme, et pourtant c'est une plante !

Les généticiens, dans leur immense modestie, ont appelé "junk ADN", "ADN de merde", la partie du génome de l'orge qu'ils ne comprenaient pas.

C'est tout ce système de pensée qui est à revoir.

Les humains s'autoproclament la race la plus évoluée, ils devraient avoir l'intelligence de s'interroger sur cette soi-disant supériorité.

Une des solutions, c'est un "retour en avant" :

Retrouver à travers de petites structures locales une autonomie alimentaire sans produits chimiques, qui nous rende notre liberté et assure notre subsistance.

C'est ce que Vandana Shiva appelle la réinvention de la démocratie.

Cette nouvelle démocratie, qui permet de faire le lien entre la terre et l'assiette, n'est pas en lutte contre les inventions techniques et la modernité des communications, il ne s'agit pas d'un retour à l'âge des cavernes.

Il s'agit d'exiger notre droit à nous nourrir par nous-mêmes, notre droit à la santé et notre liberté à travers l'autonomie.

Nous ne pouvons plus dépendre du bon vouloir des marchands et des politiques en ce qui concerne notre survie.

Ce genre de revendication ne plaît pas aux gouvernants qui sont devenus les gérants et les valets des multinationales.

Il ne s'agit pas d'un retour en arrière mais d'un changement de paradigme pour assurer notre futur.

Claude et Lydia Bourguignon

REPARTIR DE LA VIE DU SOL

Lydia Bourguignon, maître en sciences agroalimentaires, et Claude Bourguignon, ingénieur agronome (INAPG) et docteur ès sciences de la microbiologie des sols, ont quitté l'Institut national de la recherche agronomique (INRA), à la suite d'un différend qui les opposait aux orientations et aux thèmes de recherche de l'Institut.

A la suite de ce départ, en 1990, Lydia et Claude Bourguignon créent leur propre laboratoire de recherches et d'analyses en microbiologie des sols, le LAMS. Dans ce laboratoire, ils mettent au point une méthode de mesure de l'activité microbiologique des sols et constatent qu'en Europe, 90 % de l'activité microbiologique des sols a été détruite.

Grâce à leurs travaux, Claude et Lydia Bourguignon ont développé des solutions sur mesure pour permettre aux agriculteurs de régénérer leurs terres. Ainsi, ils parcourent le monde pour apporter expertise et soutien aux agriculteurs soucieux de produire autrement.

Claude et Lydia Bourguignon donnent de nombreuses conférences et dispensent très régulièrement des formations en biologie des sols. Claude Bourguignon a également été enseignant au premier collège d'agriculture biologique de Malleval.

Scientifiques proches de la matière, ils bêchent, creusent, observent les racines, touchent, goûtent et sentent la terre qu'ils doivent analyser car ils sont héritiers d'une vraie science qui mêle l'intuition et la connaissance paysanne collective, venue de la nuit des temps, avec l'analyse rigoureuse du laboratoire.

Leur expérience du terrain, leur connaissance des vocations des terroirs font d'eux des experts demandés dans le monde entier, pour l'agriculture et la vigne, mais aussi très combattus, car leurs techniques visent à supprimer toute intervention de la chimie dans les cultures, ce qui n'est pas pour arranger les affaires des marchands de poisons.

Ils sont les auteurs du livre Le Sol, la terre et les champs *(éditions Sang de la Terre, 1989, réédité en 2008), véritable ouvrage de référence en agroécologie.*

LE LAMS

Le LAMS est le seul laboratoire de France à faire une analyse physique, chimique et biologique des sols au service des agriculteurs.

Là où les autres laboratoires font de l'analyse de terre, le LAMS fait de l'analyse du sol : la différence est fondamentale. Plutôt que d'analyser des échantillons envoyés par la poste, l'équipe du LAMS vient sur le terrain et étudie le sol en place. Un ensemble de tests et le passage au microscope permettent de cerner précisément la vie du sol. A l'issue de cette première étape, des analyses physiques, chimiques et biologiques sont réalisées au laboratoire sur des échantillons prélevés à différentes profondeurs.

Les résultats de cette étude offrent une double opportunité : l'agriculteur connaît alors son capital sol, et il a tous les atouts en main pour le gérer le plus économiquement et rationnellement possible.

En maîtrisant la vocation de son terrain, l'exploitant va prévoir des rotations de plantes parfaitement adaptées à une qualité optimale du produit et à la pérennité de son rendement.

Si l'analyse de terre se termine toujours par des recommandations d'apports d'engrais, l'analyse de sol, elle, aboutit le plus souvent à la diminution des engrais et des pesticides, voire à leur arrêt, dans la perspective du respect de la terre associé à une meilleure rentabilité.

■ Lydia Bourguignon :

Je suis d'origine italienne, de parents de condition très modeste. J'ai fait mes études de biologie en cours du soir, parce que j'ai travaillé très tôt. Après ma maîtrise, je suis entrée à l'INRA (Institut national de recherche agronomique). J'y ai travaillé sur la qualité des aliments de l'homme, et particulièrement sur le problème de l'huile, et c'est là que j'ai rencontré Claude, qui est devenu mon mari !

Claude Bourguignon :

Je ne voulais pas faire d'agronomie. Je voulais être gardien de réserve, créer une réserve naturelle. Et, en allant en Inde pour compter des tigres dans

l'Himalaya, j'ai découvert la famine. Quand vous êtes parisien, le ventre toujours plein, et que vous découvrez des gens qui meurent de faim, ça fait un choc. Je me suis dit qu'on ne pouvait pas se consacrer à sauver des tigres s'il y avait des hommes dans cet état.
J'ai donc fini mes études de zoologie et de biochimie pour rentrer à l'Agro.
Et là j'ai été horrifié.

Là, on nous apprenait à rendre les vaches carnassières, on entassait les porcs, les porcs se mangeaient la queue, on coupait la queue des porcs, on entassait, ils se mangeaient les oreilles, on coupait les oreilles des porcs, on entassait, ils continuaient à se manger les jambons, donc on leur arrachait les dents, et quand j'ai vu ça, ils nous projetaient les films avec des images vidéo prises la nuit, où on voyait les porcs se dévorer, je me suis dit : Les hommes sont devenus fous. Ils donnent de la viande aux vaches, ils laissent les porcs se dévorer, ils les entassent à des niveaux invraisemblables…

Les femelles, on est obligé de les entraver, sinon elles dévorent leurs petits, parce qu'elles sont à des niveaux de densité insupportables. Les poulets, on leur coupe le bec supérieur, sinon ils se déchirent la peau. Il y a même eu des ingénieurs ingénieux qui ont créé des variétés de poulets sans plumes, parce qu'ils avaient calculé que la plume consommait de l'azote et de la potasse, et puis ils se sont rendu compte que les poulets sans plumes, ils avaient froid, qu'il fallait chauffer les bâtiments, que ça coûtait plus cher que l'azote, alors finalement ils ont remis les plumes sur les poulets. On voyait des trucs complètement fous, des gars qui fabriquaient des tomates carrées pour mieux les ranger dans des caisses, ils ont essayé de faire des œufs carrés, ils n'y sont pas arrivés, parce que l'œuf est très embêtant, il est dans une enveloppe qui s'appelle "hyperboloïde de compensation", qui prend beaucoup de place, et on aimerait bien que les poules pondent des œufs carrés, ça serait quand même beaucoup plus pratique à ranger, mais là ils n'y sont pas arrivés.

Et moi je voyais dans cette agronomie le délire, des hommes devenus fous.
Et je me suis dit : Non mais là ça ne va plus, il faut repartir à la base, il faut repartir du sol.

Et il se trouve qu'il y avait encore à l'époque une formation en microbiologie des sols.

J'y suis allé et, quand je suis arrivé en troisième année en microbiologie des sols, j'étais le seul.

J'ai donc eu une année de cours particuliers, ce qui est quand même intéressant ! J'ai eu les profs uniquement pour moi. Et, depuis, la chaire de microbiologie a été supprimée. Elle a été supprimée en 1986, c'est-à-dire que, depuis vingt ans, il y a 150 ingénieurs agronomes qui sortent chaque année en France, et qui ne savent pas ce que c'est que la biologie du sol, ni comment fonctionnent les microbes. Rien.

Et toutes les chaires de microbiologie des sols ont été supprimées dans le monde, de telle sorte que les ingénieurs agronomes ne savent même pas que le sol est vivant, par conséquent ils font n'importe quoi, ils sont prêts à déverser des pesticides, des engrais. Ils ne savent pas que, chaque fois que vous mettez un grain de potasse sur un ver de terre, il est mort.

Vous le mettez même sur le dos d'une grenouille, elle meurt. Mais ça, ils s'en fichent puisqu'ils ne s'intéressent pas à l'aspect vivant.

Et donc, en sortant de l'Agro, il n'y avait qu'un seul laboratoire en microbiologie des sols en France, c'était à Dijon, j'y suis allé.

Et c'est là que j'ai rencontré Lydia.

Le dogme à l'INRA, c'était de dire : La vie du sol n'a pas d'importance. La preuve, c'était qu'on fait 100 quintaux en Beauce alors qu'il n'y a plus de vers de terre. Ça me faisait penser au raisonnement du polytechnicien qui prend une puce, qui lui dit : Saute, elle saute, il prend la même puce, il lui coupe les deux pattes, il lui dit saute, elle ne saute pas. Conclusion : les oreilles des puces sont dans leurs pattes…

Là, c'était la même chose. Il n'y a pas de vers de terre, donc les vers de terre ne servent à rien.

Lydia et moi, on a vraiment senti qu'on ne pouvait pas s'entendre avec cet institut si les chercheurs ne comprenaient pas que la base de l'agronomie, c'est la biologie du sol.

80 % des organismes vivants sont dans le sol, c'est cela la base.

Alors on s'est dit que le mieux, c'était qu'on parte et qu'on essaie de montrer que la biologie des sols peut avoir un rôle en agriculture.

C'est vrai qu'avec cette méthode on ne fait pas 100 quintaux, mais on fait de la qualité, du vin qui a du goût, des blés en bonne santé…

Autrefois, on ne disait pas un agriculteur, on disait un paysan. Aujourd'hui, on a l'impression que c'est une insulte. Ça fait plouc, cul-terreux. En fait, ce qui leur plaît, c'est d'être exploitants agricoles. Le mot "exploitant" est parfaitement clair : on exploite la terre.
Alors qu'avec le mot "paysan", on comprenait qu'il faisait le pays. Il construisait des haies, s'occupait des chemins, gérait les fossés. Il construisait un équilibre agro-sylvo-pastoral : le champ, la forêt et les animaux, cet équilibre qui a rendu la civilisation agricole pérenne et qu'on est en train de détruire depuis cinquante ans en mettant les cultures d'un côté, les animaux qu'on entasse dans des usines de l'autre, et puis la forêt qu'on parque ou qu'on cultive, comme les céréales, en plantant les arbres en lignes… Le cauchemar, quoi !
Aujourd'hui il n'y a plus une haie. On a tout arraché. On a fait des déserts biologiques qui ne fonctionnent qu'à coups de pesticides, parce que les plantes sont dans un tel état de maladie que, si vous ne les traitez pas, vous n'avez plus rien.
En 1950, on ne traitait jamais un blé. Maintenant, on le fait 3 à 6 fois par an. Les arbres fruitiers reçoivent jusqu'à 40 traitements par an. Le pire, c'est l'artichaut, qui est traité quasiment tous les jours.

On ne fait plus d'agriculture, on fait de la gestion de pathologies végétales. Ce qui n'est pas la même chose. C'est-à-dire qu'il faut amener au silo une plante malade, qu'il faut traiter au bon moment, etc. Donc vous ne mangez que des plantes malades, que des animaux malades, ce qui rend les gens malades, la médecine vend ses médicaments et comme ce sont les mêmes boîtes qui font tous les produits… Cycle magnifique, ça, c'est superbe, ça !
Quand des paysans se suicident, ils se suicident avec des pesticides. L'agriculteur ne se tue pas au fusil. Il se tue avec le produit qui a tué sa terre. Symboliquement, c'est très lourd. Et ça m'a toujours impressionné… Comment peut-on ouvrir une bouteille de pesticide, et la boire ? Il faut vraiment être au bout du rouleau.

En Inde, chaque année, 22 000 paysans se suicident aux pesticides.

Ce que les gens ne savent pas, c'est qu'il y a une entente entre les semenciers et les marchands d'engrais. Prenons l'épeautre, qui est une espèce de blé très rustique qui n'a pas besoin d'engrais. Il a été éliminé du catalogue autorisé des semences parce que, comme il ne nécessite pas d'engrais, on ne peut pas faire d'argent avec lui.

On avait 10 espèces de blé en 1900 avec des centaines de variétés de chaque espèce. Nous n'en avons gardé que 2 : une qui fait le blé dur, *Triticum durum*, et une qui fait le blé classique, *Triticum aestivum*. Tout le reste, tout ce qui ne permettait pas de faire de l'agro-business, a été retiré.

Après on dit aux gens que si on ne met pas d'engrais, rien ne pousse. Evidemment! On a sélectionné les plantes qui ne poussent qu'avec des engrais! On a éliminé les autres.

L'Inde avait 100 000 variétés de riz. A l'heure actuelle, il lui en reste une dizaine, cultivées, disons, massivement.

En Europe, il y avait 3 600 variétés de fruits en 1904. Il fallait 13 volumes pour décrire la pomologie française.

A l'heure actuelle, si vous prenez par exemple la pomme, vous n'avez plus que 7 variétés de pommes commercialisées en France, dont la majorité sont américaines. Donc nous payons des royalties aux semenciers américains, alors que nous avions la plus forte diversité de fruits au monde, adaptés à chacun de nos terroirs.

La Golden occupe 90 % du marché. Et pourquoi la Golden? Parce que c'est la pomme qui demande le plus de traitements phytosanitaires, 36 traitements au minimum par an. C'est pour ça qu'on l'a imposée.

La PAC (Politique agricole commune) – soutenue par les grandes firmes qui vendent les pesticides – a même financé l'arrachage des variétés européennes de pommes, pour mettre de la Golden à la place.

Autrefois, les champs de blé étaient très hauts. Si vous regardez les tableaux du XVIIe siècle, vous verrez des hommes faucher des blés plus hauts qu'eux. Maintenant, on met tellement d'azote que les blés sont trop lourds et qu'ils

se couchent, alors on leur met des hormones pour les raccourcir. Et on les sélectionne pour qu'ils soient tous à la même hauteur et que la machine puisse les couper correctement. C'est-à-dire que ce n'est pas la machine qui s'adapte à la vie, c'est la vie qui doit s'adapter à la machine.
On ne s'intéresse pas au fait de savoir si c'est bon ou si ça a de la saveur, on s'intéresse au fait de savoir si ça entre dans le circuit industriel.
Au XVIIIe siècle, Buffon a eu cette phrase extraordinaire : Plus l'espèce humaine croît, plus le monde animal sent le poids d'un empire terrible. C'est vraiment ça. La nature est en train d'être écrasée.

LYDIA BOURGUIGNON :
Récemment, un arboriculteur nous a appelés en nous disant : Il faut que nos arbres fassent 60 tonnes de pommes à l'hectare, toutes calibrées.
– Ça veut dire quoi, toutes calibrées ? – Si mes pommes sont trop petites, on ne me les prend pas, même si elles sont bonnes. En plus, il faut qu'elles soient sucrées et dures, et si elles sont trop molles, on ne me les prend pas car, comme elles sont trimballées, elles risquent d'être cognées et abîmées. L'arboriculteur se retrouve dans une impasse : pour qu'une pomme soit sucrée, il faut qu'elle soit mûre, mais alors sa chair est tendre. Par contre, quand la pomme est dure, elle n'est pas assez sucrée, donc on ne la lui prend pas non plus. C'est aberrant !
Et puis il ne faut pas que l'arbre dépasse 4 mètres de haut, sinon l'arboriculteur ne peut pas ramasser les fruits avec sa machine. Donc on nanifie les pommiers, mais il ne faut pas pour autant qu'ils fassent des pommes naines ! Il faut de grosses pommes sur des arbres nains, la nature doit se plier au circuit industriel…
Et c'est pareil pour le monde animal. Pour entrer dans la machine qui les découpe, les cochons doivent faire entre 105 et 110 kilos. S'ils font moins de 105 kilos ou plus de 110 kilos, ils ne sont pas achetés au producteur. Donc l'éleveur sélectionne des porcs pour qu'en trois mois d'engraissement avec des aliments industriels, ils atteignent entre 105 et 110 kilos. Ce qui donne lieu à une homogénéité terrifiante. De même, les vaches sont traites par des machines automatiques qui traient 90 vaches à l'heure. Il faut que la vache soit traite pendant le temps que la machine fait son cercle. Si la

vache n'est pas traite assez vite, on l'élimine et on en sélectionne une qui puisse être traite à 90 vaches à l'heure.
S'ajoute à cela la question de la mode.
Un jour, on va dans une exploitation et on voit des pommiers dont les racines plongent seulement à 20-30 centimètres. On dit à l'arboriculteur : Sans racines, vos pommiers ne peuvent pas durer longtemps.
– Mais il ne faut pas qu'ils durent longtemps !
– Ah bon, pourquoi ?
– Parce que, tous les dix ans, on change de variété, on fait des variétés plus sexy, plus à la mode.
Voilà, quand ce n'est plus à la mode, on arrache. C'est le règne du caprice. L'arbre, il n'a aucune chance !
Un agriculteur nous a même dit : Là, on va sortir une pomme qui pétille dans la bouche comme les bonbons des enfants !

CLAUDE BOURGUIGNON :
Donc, je pense qu'à l'heure actuelle, il doit y avoir des chercheurs qui travaillent sur les fraises pour qu'elles aient le même goût que les fraises Tagada. Non mais vraiment, on sent un système complètement taré, quoi !
La dernière nouveauté c'est que, comme les gens ne veulent plus grossir, il faut faire du porc maigre ! Or le porc est un animal qui, naturellement, depuis des milliers d'années qu'il est sélectionné par l'homme, fait du gras, ce qui permet de faire du saindoux, de la charcuterie. Eh bien non, maintenant il faut du porc maigre !
Donc on fait muter les porcs pour qu'ils soient maigres. Alors que c'est une bête qui demande à être grasse. C'est le grand délire décadent.
On le voit aussi avec les graines. Le propre du paysan, c'était de produire ses graines à lui. Il les sélectionnait, prenait les plus beaux grains, les plus beaux épis qui avaient poussé dans son terroir. Et année après année, il finissait par avoir des produits magnifiques. Maintenant, on lui impose des variétés hybrides qui ne sont pas forcément issues de son terroir. Et évidemment, il est pénalisé parce que cette plante-là demande de l'eau ou est fragilisée par ce climat-là. Du coup on lui vend de l'irrigation, ou des pesticides, alors qu'avant, il avait ses propres variétés rustiques qui poussaient sans eau.

Les agriculteurs se font prendre dans tout un piège qui les force après à irriguer, à traiter…
On les accuse d'être des pollueurs, mais c'est tout le système qui les a amenés à polluer.

C'est complètement faux de dire que les biocarburants vont régler les problèmes d'énergie de la planète.
Nous dépensons 10 calories de pétrole pour faire 1 calorie de blé. Parce que, pour faire du blé, il y a le tracteur qui va labourer, les fertilisants qu'on ajoute, les pesticides, etc., tous ces produits sont issus du pétrole.
Un plein d'automobile en biocarburant, il faut lui mettre l'équivalent de ce qu'un homme mange dans une année.
Donc ça va être extraordinaire, l'Occidental va pouvoir faire le plein en disant : Allez, un Chinois de moins qui mangera cette année.
Et moi je pense qu'ils font ça pour affamer les pays, parce que je crois que les riches commencent à en avoir vraiment marre des pauvres. Ça, c'est une grande caractéristique du début des années 2000. Les riches se révoltent, ils trouvent que vraiment, les pauvres, ça suffit. Il va falloir que ça s'arrête un petit peu, parce que ça commence à être franchement pénible. Donc si, avec les biocarburants, on pouvait en faire mourir un peu plus, ça serait quand même assez sympathique. On sent qu'il y a une vraie révolte des riches qui sont fatigués de tous ces pauvres. Donc maintenant on va donner à manger aux machines.
Et, dans les vingt ans qui viennent, il va y avoir un conflit entre nourrir des machines et nourrir des hommes.

Lydia Bourguignon :
En France, il y a des agriculteurs qui touchent plus de subventions en faisant des biocarburants qu'en faisant des blés pour faire du pain. Mais si tous les agriculteurs se mettent à faire ça, qu'est-ce qu'on va devenir ? On n'a que 40 jours de réserves de nourriture pour toute la planète.
Quand on en mettra 3 % dans les biocarburants, c'est évident qu'on va manquer !
La notion de qualité, par rapport à la quantité, est absente de toute considération sur la nutrition. Mais cela ne sert à rien de se bâfrer de hamburgers

si cela ne vous nourrit pas. C'est la source de l'obésité : une nourriture qui bourre, mais ne nourrit pas.

Par contre, quand le sol est vivant et que les plantes sont saines, peu de nourriture apporte beaucoup d'énergie à l'homme.

C'est quelque chose que la science n'a absolument pas compris, et est incapable d'aborder.

Pour un scientifique ou un ingénieur agronome, un blé à 100 quintaux c'est la même chose qu'un blé à 40 quintaux, sauf qu'il y en a 2 fois plus à l'hectare.

Ils ne voient pas qu'il y en a un qui ne vous nourrira jamais. Vous achetez du pain en ce moment, le soir la baguette est toute molle, on peut faire un nœud avec, le lendemain matin, elle est dure comme du béton. Alors qu'autrefois, le pain, ça se gardait pendant une semaine.

La nourriture est tellement dégoûtante qu'on doit mettre des produits qui agissent sur le système bulbaire pour faire croire aux gens que c'est bon. Une soupe en sachet, normalement elle est tellement répugnante que vous allez la vomir aux toilettes. Mais comme on a mis du glutamate, un appétant qui agit sur le système bulbaire, vous vous dites : Tiens, elle est bonne la soupe Machin, et puis vous en rachetez.

Et c'est comme ça qu'on a fait manger de la viande aux vaches, en leur mettant des molécules chimiques, sinon une vache, vous lui mettez de la viande sous le nez, elle recule tout de suite, c'est un herbivore.

La France, premier pays agricole d'Europe, ne se nourrit pas. Elle importe 80 % de ses compléments alimentaires animaux. Si vous retirez le soja brésilien, le manioc et les crevettes de Thaïlande, je suis désolée mais les Français ne mangent pas. Nous nous nourrissons pourquoi ? Parce que nous pillons. Nous consommons 6 000 mètres carrés de terre arable par habitant, les Américains 8 000. Dans le monde il n'y a que 2 500 mètres carrés par personne. Ça veut dire quoi ? Ça veut dire qu'il y a des gens qui ne mangent pas. Nous volons de la terre à d'autres. Le soja qui est produit au Brésil ne nourrit pas les Brésiliens, donc ces gens-là meurent de faim. Et effectivement il y a 850 millions de gens qui crèvent de faim et 2 milliards d'hommes qui vivent avec moins de 2 euros par jour.

Et en plus, chaque année, nous perdons 15 millions d'hectares de terres agricoles, 10 millions par l'érosion, et 5 millions sous le goudron et les maisons.

CLAUDE BOURGUIGNON :
La culture OGM est la culture la plus polluante qui existe sur la planète. Et on vous le vend en disant que ça va protéger l'environnement ! C'est le mensonge absolu, quoi ! Nous, on travaille en Argentine, on a vu multiplier par 4 la consommation d'herbicide avec les OGM par rapport aux cultures traditionnelles. Et on vous dira que les OGM, c'est protecteur de l'environnement. C'est de la propagande à haute dose, quoi !
Les généticiens pensent qu'ils ont compris ce qui se passe avec l'ADN. Alors nous, ça nous fait rire, parce que là ils ont dépensé des milliards pour faire l'ADN de l'homme, et celui de quelques plantes comme l'orge, le coton, la vigne… Et alors ils ont été terriblement vexés : l'orge a 2 fois plus de gènes que nous. Parce que tous ces hommes-là, ils pensaient que nous les humains, comme nous sommes les plus intelligents, c'était nous qui avions forcément le plus de gènes. Eh bien non, manque de pot, l'orge en a 2 fois plus que nous. Et c'est une plante. Et alors là ils sont très embêtés parce que, comme il y a une partie immense de l'ADN qu'ils ne comprennent pas, ils ont appelé ça "junk ADN" : ADN de merde. Pour eux, c'est de l'ADN qui ne sert à rien. Ils sont tellement bêtes qu'ils pensent que la vie, depuis des millions d'années, fabrique cette molécule, qui est la plus coûteuse en énergie du monde vivant, pour rien. Elle fait ça pour rien. Ils sont d'un niveau de sottise, les généticiens, qui est absolument hallucinant. C'est quelque chose qui vous laisse pantois.
On agite l'énergie pour affoler le peuple, mais ce ne sera pas la crise énergétique, ce sont les crimes que nous commettons contre la vie qui feront sombrer cette civilisation.
Heureusement une nouvelle civilisation se prépare. On voit des gens, comme l'association Kokopelli, qui recherchent des vieilles variétés de plantes, préservent des graines, essaient de sauver ce qui peut l'être. Nous sommes exactement au moment de l'arche de Noé. Et, quand la tempête sera passée, ça se remettra en place tout seul, parce que ceux qui auront survécu seront ceux qui se seront préparés. Ils auront une pensée complètement différente.

Pour eux, le respect de la terre sera une évidence. Ils auront conscience qu'on doit vivre en harmonie avec cette planète et non pas contre elle.

Chaque fois que vous trouvez quelque chose qui va dans le sens de l'industrie mais pas dans le sens de la vie, vous avez le prix Nobel. On a donné le prix Nobel à ceux qui ont trouvé la bombe atomique, à celui qui a trouvé le sympathique DDT qui a tué des milliards d'abeilles et d'insectes dans le monde, à celui qui a fait la révolution verte qui a stérilisé je ne sais combien d'hectares dans les pays tropicaux et qui a affamé l'Afrique. Monsanto, c'est quand même l'entreprise qui a fait l'agent orange, qui est responsable du fait qu'il y a toujours des milliers d'enfants qui naissent anormaux au Viêtnam. Mais les premiers empoisonneurs de la planète, ils ont tout le soutien politique…
Chaque fois que vous trouvez quelque chose qui va dans le sens de l'industrie mais pas dans le sens de la vie, ne vous inquiétez pas, vous aurez le prix Nobel.

Lydia Bourguignon :
Donc on n'aura pas le prix Nobel !

Claude Bourguignon :
Aucune chance, nous n'avons strictement aucune chance ! Tu renonces, tu oublies !

Lydia Bourguignon :
On oublie ! Tu vois, je pensais qu'on allait l'avoir !

Claude Bourguignon :
Ah non, tu vois, c'est râpé, ça ! C'est râpé !
Et comme l'Etat ne veut plus payer les chercheurs, qu'il faut qu'ils se débrouillent pour aller chercher des fonds, tout ce qui gêne l'industrie ne sera jamais étudié sur le plan scientifique. Et à partir de là, eh bien c'est fini, la recherche est vendue. Et c'est comme ça que cette civilisation va s'effondrer. A partir du moment où il n'y a plus de recherche possible qui aille

contre les grands intérêts, le système s'effondre. Il est en train de s'effondrer. Les recherches fondamentales qui devraient être faites en ce moment sur la vie des sols ne peuvent plus être faites. Plus personne ne les fait, parce que ça gêne des multinationales.

Nous, quand on a mis au point notre méthode de mesure de l'activité biologique des sols, si on avait été voir Rhône-Poulenc en leur disant : On est en train de montrer que vos produits tuent la vie des sols, est-ce que vous pouvez financer notre recherche ? le type nous aurait dit : C'est ça, on se téléphone, on se fait une grosse bouffe !

Vous n'avez aucune chance d'obtenir des fonds pour montrer que les produits chimiques tuent les sols. Donc aucun scientifique ne travaillera là-dessus.

C'est à Davos que tout ça se décide. Ce n'est pas Sarkozy ou Bush qui y peuvent quoi que ce soit. Un des drames de cette situation, c'est justement qu'il n'y a plus de pouvoir politique. L'avenir de la planète ne se joue pas au niveau politique, le Grenelle de l'environnement c'est une vaste fumisterie. C'est à Davos que tout est décidé.

Je ne crois pas qu'il y aura de sursaut. Une civilisation, elle a sa logique de développement. Elle grandit puis elle meurt. Vous n'arrêtez pas la mort d'une civilisation. C'est comme si vous vouliez empêcher quelqu'un de mourir. Il n'y aura pas de plan B, parce que, comme disait Einstein, une civilisation ne peut pas penser autrement que par la méthode de pensée qui l'a créée. Leur disque dur est bloqué sur les idées de croissance, de production... Ils ne peuvent pas concevoir autre chose, donc il faut qu'ils tombent. Mais par contre, je suis sûr qu'une nouvelle civilisation se prépare.

On va voir la structure d'un sol quand il est vivant. Ce ne sont que des boulettes, que du couscous comme on dit. Normalement le sol ne se tient pas tellement il est structuré par la vie. Quand on sent la terre, elle doit avoir une odeur de champignon, sentir bon.

Maintenant ils en font du béton, qui ne sent plus rien parce qu'il a été brûlé par le soleil.

La terre, il faut la respecter parce que, toute seule, elle fait de très belles structures, elle permet aux racines de plonger, de se nourrir. Et plus le sol est vivant, moins il y a besoin de mettre d'engrais ou de produits parce que

la terre, elle ne demande qu'à faire pousser des plantes. Les forêts, elles poussent sans engrais chimiques, sans l'aide de personne, et elles poussent depuis des millions d'années. Mais l'agronomie a fait croire aux gens que sans engrais on allait tous mourir de faim. C'est une propagande, on a bourré le crâne aux gens en leur disant que sans engrais rien ne pousse. C'est complètement faux ! Les forêts poussent très bien sans absolument aucun engrais.
Le sol, c'est un monde magnifique, mais c'est le monde de l'obscurité, de la nuit. Donc il fait peur aux hommes. On ne connaît qu'à peu près 10 % des espèces du sol, et nous n'avons toujours pas fini d'identifier les vers de terre qui existent en France.

Lydia Bourguignon :
Nous, on est admiratifs de ce que fait le sol. Chaque animal y a son rôle. C'est un ballet lent ou rapide selon les espèces. Il y a des acariens qui sont des prédateurs, des collemboles qui décomposent les parties tendres des feuilles, des cloportes capables d'attaquer des déchets très solides. Et ces animaux sont tous massacrés par les pesticides alors que ce sont eux qui rendent le sol vivant. Dans un sol vivant, on arrive à compter 4 milliards d'animaux à l'hectare, et il y a des sols où on ne trouve rien…
C'est un monde invisible qui travaille gratuitement pour nous, donc ça ne plaît pas à l'agrochimie.
Comme on ne les voit pas, les gens ne croient pas que ces animaux existent.
Alors que la machine, elle se voit, elle coûte cher. Le ver de terre, c'est moins sexy…
Quand il n'y a plus de microbes dans un sol, qu'il est mort, la plante ne va plus pouvoir se nourrir. L'agriculteur n'a plus d'autre possibilité que d'utiliser la fertilisation chimique. Presque toutes les tomates sont ainsi cultivées hors sol, sur de la laine de verre. Elles sont nourries au goutte-à-goutte, perfusées, comme à l'hôpital !
L'autre avantage des bêtes du sol, c'est qu'à leur échelle microscopique, elles circulent en creusant des galeries qui permettent à l'oxygène de pénétrer dans le sol et donc aux racines de pousser. Et la porosité du sol, elle vient

aussi en grande partie de leurs excréments. C'est pour ça que, quand on marche en forêt, on a cette impression de marcher sur de la moquette. C'est comme un matelas fait de toutes ces crottes empilées les unes sur les autres, qui aèrent le sol.

CLAUDE BOURGUIGNON :
Une forêt peut boire les plus gros orages du monde. Il n'y aura jamais d'érosion en forêt parce que, quand la pluie tombe sur cette structure de crottes, elle entre immédiatement dans le sol et va nourrir les nappes phréatiques. Alors que, quand on a labouré, tué, lissé la terre, l'eau ne peut plus pénétrer. Ça fait des érosions, des inondations, des rivières qui débordent. Et on accuse la pluie, alors que c'est parce qu'on a tué les sols.
Et, avec un labour qui bétonne le sol, non seulement l'eau mais les racines ne peuvent plus entrer dans la terre. Regarde ce pied de vigne, voilà l'enracinement moderne de nos vignes ! Cette terre était devenue un tel béton que la racine n'a pas pu entrer dedans, elle est partie sur le côté. J'en prends une autre... Alors là, non seulement elle n'a pas pu entrer mais elle a été obligée de ressortir du sol, parce que ça ne respirait pas, et de remonter. Alors, le vigneron dit : J'ai un très beau terroir. Oui, mais je ne vois pas à quoi ça lui sert, les vignes ne vont pas dedans !
C'est le grand délire. Les racines d'une vigne, ça doit descendre normalement. Eh bien non, maintenant on fait des vignes avec des racines qui remontent... C'est nouveau, ça vient de sortir. C'est comme ça qu'on tue un pays, quand non seulement les hommes sont déracinés, mais les plantes maintenant sont déracinées.

Quand on est appelés par un agriculteur, la première chose qu'on fait, c'est de partir en forêt. On nous dit souvent : On ne vous a pas payé des billets d'avion pour que vous vous baladiez en forêt ! Mais on ne se balade pas, on a besoin de savoir comment marche chaque terroir, et la forêt, c'est le modèle qui fonctionne depuis toujours, le grand modèle de la pérennité.
A partir de l'étude de la forêt locale, on peut donner des conseils pour relancer la fertilité d'un sol et développer des cultures vivrières. Le but, c'est que la population et les paysans puissent se nourrir sans être obligés d'acheter

des engrais chimiques, des plantes OGM, tout ce qu'on vend aux agriculteurs et qui leur coûte horriblement cher.

Aujourd'hui, la plupart des gens se fichent de la vie du sol. D'ailleurs, le caractère vivant d'un sol n'est toujours pas reconnu comme critère juridique. Les gens achètent de la terre très cher, sans même se rendre compte qu'elle est morte. Donc on peut continuer à la tuer puisque, de toute façon, ça ne change pas sa valeur.

On ne passe pas du désherbage chimique à la biodynamie du jour au lendemain.

C'est comme quelqu'un qui est sous perfusion à l'hôpital. Si vous lui retirez ses perfusions, il ne va pas vous faire un 400 mètres le lendemain. Pour le sol, c'est la même chose.

Il faut d'abord qu'il soit vivant, sinon c'est impossible de cultiver sans chimie. Or la plupart des sols sont morts. Cependant, la situation n'est pas complètement irréversible. La nature est bonne fille, on arrive à remettre de la vie dans le sol. Mais cela nécessite d'arrêter de violer la terre à coups d'engrais et de pesticides, de regarder comment fonctionnent les êtres vivants du sol et comment nous pouvons leur donner à manger. Le but est là : nourrir les microbes et la faune pour que le sol se remette à travailler. Et, dès que la vie repart dans le sol, on voit à nouveau des plantes qui repoussent.

Le compost, c'est pour la terre, pas pour la plante.

Il permet de réensemencer un sol en microbes et en faune, et ce sont eux qui permettent ensuite aux éléments du terroir de nourrir la plante.

On a développé quelques pratiques pour relancer le complexe argilo-humique. On utilise en premier des plantes pionnières, capables de mettre en valeur des sols très pauvres et de remonter par exemple du potassium ou du calcium. Elles ramènent de la richesse dans le sol, et après on peut réintroduire des cultures. Donc l'idée même de "mauvaise herbe" est absurde. Il n'y a pas de mauvaises herbes. Si une plante pousse dans un milieu ruiné, c'est qu'elle a justement une capacité remarquable dont on peut se servir en la fauchant et en l'utilisant comme humus.

On utilise aussi la technique du semis direct. L'idée, c'est que le sol a horreur d'être vide. Les plantes sont comme les cheveux sur nos têtes, elles protègent le sol de l'érosion. Donc, puisque la nature veut de l'herbe, on lui en met. Quand on finit la moisson, on roule les pailles, on les couche sur le sol, et on sème tout de suite en direct une plante dont le rôle va être d'étouffer les mauvaises herbes et, avec ses racines, de rendre la terre grumeleuse et de créer un lit de semences. On choisit une plante facile à détruire, en passant simplement un rouleau sur le sol. Et cette plante, en poussant, remonte la potasse, les engrais, tout ce que le blé n'a pas pris. A l'automne, on la roule, on l'écrase et on sème dedans la céréale avec un semoir à disques, qui ne retourne pas la terre. Ainsi, la terre est tout le temps couverte. Une graine, il lui faut à la fois de l'oxygène et de la fraîcheur, car le soleil tue les microbes.

Avec la technique du semis direct, comme on laisse le sol sous la paille, le soleil ne l'atteint pas et ne détruit pas les microbes. Donc la terre reste vivante et fraîche. C'est le milieu idéal pour que la graine puisse germer. Quand on utilise ces techniques, on voit tout de suite le changement. Les vers de terre reviennent, un cycle vivant se remet en place.

Pour dépasser la crise actuelle, les solutions sont donc les plantes pionnières, le semis direct et, dans les cas extrêmes, le bois raméal fragmenté, ou BRF, qui consiste à répandre des branches fraîchement broyées sur les sols et permet de cultiver sans labour, sans engrais et sans eau.

Si on replantait ces 3 millions de kilomètres de haies qu'on a arrachées le long des routes et des chemins et qu'on les taillait tous les ans, on aurait ce bois raméal fragmenté qui nous aiderait à régénérer les sols. Mais le problème c'est que ça ne coûte rien. Il suffit juste de replanter des haies. Il y a trente ans, quand on s'est installés ici, il n'y avait pas de haie. On a planté la nôtre en arrivant et elle nous fournit maintenant tout le bois raméal dont on a besoin pour nos légumes. Donc, avec cette technique, on est complètement indépendants. On n'a plus besoin d'aller dans les jardineries acheter des produits miracle. La haie nourrit le sol qui nous nourrit. Si on s'occupe de la terre, elle est capable d'être généreuse et de nous le rendre.

SÉBASTIEN LAPRÉVOSTE : (agriculteur qui travaille avec les Bourguignon depuis plusieurs années) :
Ça va mieux maintenant, mais au début, quand j'ai modifié mes techniques de culture, quand j'ai arrêté le labour et suis passé au semis direct, les gens

rigolaient. Pour eux, si ça marche c'est que j'ai eu de la chance, et si je me plante c'est bien fait pour moi.
En fait, dans le monde agricole, ça gêne si on n'est pas comme tout le monde. Les mentalités sont dures à changer. Je m'en suis aperçu, même de la part de mon père. Quand j'ai voulu changer de technique de culture, comme c'était une exploitation familiale, j'ai dû en parler avec lui. Ça a pris plusieurs années avant qu'il accepte d'arrêter de labourer la terre.
J'ai commencé à travailler avec Claude et Lydia en 1998, et je pense qu'on a laissé tomber la charrue en 2003-2004. Donc ça a pris six ans pour faire changer l'état d'esprit de mon père… Et puis, quand j'ai repris la ferme en 2005 et que je suis passé au semis direct, les réticences du voisin, au départ, je les ai assez mal vécues. On ne peut plus aller au café. Et puis, à la longue, on finit par être indifférent et on se dit : Tant pis pour eux, ils comprendront plus tard!

CLAUDE BOURGUIGNON :
Et, avec le semis direct, vous vous heurtez à ce mythe fondateur qu'est le labour. Et attaquer un mythe, chez l'être humain, c'est très compliqué. Il y a des concours de labour. Ils ont tous, sur leur cheminée, la statue avec le gars qui laboure… Je me souviens, quand j'étais à l'Agro, il y avait une statue en bronze, et dessous il y était écrit : "Jamais le labour n'est trop profond." Vous êtes dans des mythes.
Et, avec Lydia, on se bat pour changer la mentalité des agriculteurs. Accepter de ne plus violer la terre. Avec le labour, toute leur virilité s'exprime : plus j'ai un gros tracteur, plus je défonce la terre, plus je la viole profondément, plus je suis un mec. Alors on leur dit : Non, maintenant on va la respecter la terre, et là, leur virilité elle en prend un coup.
"C'est moi seulement et personne d'autre qui dois défoncer ma terre." Et avec le semis direct, comme on laisse des plantes de couverture, il va se passer des choses qui vont m'échapper. La terre va devenir sauvage… je ne vais plus la contrôler et ça, c'est terrible. La nature, elle fait peur, il faut la mettre dans des parcs nationaux, qu'elle soit guidée, il n'est pas question qu'il y ait la moindre particule de terre sauvage sur cette planète. Il faut que l'homme contrôle tout.

Lydia Bourguignon :
Il n'y a qu'à voir le matériel agricole. Les tracteurs, les engins agricoles, c'est de la démesure ! Cette puissance de la machine confrontée au sol… On dirait des monstres prêts à écraser cette pauvre terre. En fait, on a vraiment l'impression qu'ils font la guerre à la terre.

Claude Bourguignon :
Et faire comprendre aux hommes qu'il est temps de respecter la terre, c'est encore plus compliqué que de leur faire comprendre qu'il faut respecter les femmes. Parce que les femmes, au plan symbolique, c'est la même chose que la terre. Et, quand on voit comment on traite les femmes sur la planète, on comprend qu'il y aura du chemin avant qu'on respecte la terre.
Pourtant on va bien être obligés de le faire, parce qu'elle est à bout, la terre, là…

Philippe Desbrosses

AGRONOMIE : SCIENCE DE LA GRATUITÉ

Agriculteur, docteur en sciences de l'environnement, université Paris-VII, Philippe Desbrosses est directeur du centre-pilote de la Ferme de Sainte-Marthe et président d'Intelligence verte (association pour la promotion de la biodiversité). Dans sa ferme familiale de Sainte-Marthe, en Sologne, il a créé un conservatoire de graines anciennes et un centre de formation pilote en agriculture biologique. Pionnier de l'agriculture biologique en France, il a fondé et animé depuis 1973 les principales organisations nationales et internationales liées à l'agriculture biologique. Dès 1978, il a présidé aux négociations avec les gouvernements successifs qui ont abouti à l'officialisation et à la certification de l'agriculture biologique en France. Chef de la délégation européenne de l'IFOAM de 1985 à 1990 (Fédération mondiale d'agriculture biologique), il a également présidé aux négociations du règlement européen AB 2092/91 pour la certification des produits biologiques. Président de la Commission nationale du label AB au ministère de l'Agriculture jusqu'en février 2007, il fut à l'origine de sa création dès 1983. Chargé de mission auprès du ministre de l'Agriculture, il copréside un comité de pilotage interministériel pour la mise en œuvre du programme national de développement de l'agriculture biologique, dans l'optique des accords de Grenelle (triplement des surfaces en cinq ans et introduction de 20 % de produits issus de l'agriculture biologique dans la restauration collective avant 2012). Expert consultant auprès du ministère de l'Agriculture et du Parlement européen, il participe à l'un des chantiers du Grenelle de l'environnement. Depuis le début des années 1990, il organise les Entretiens de Millancay, cycles de conférences et de tables rondes autour de la santé, de l'alimentation et des modes de développement durables. Il est par ailleurs membre du Comité de veille écologique de la fondation Nicolas-Hulot et membre du conseil d'administration du Comité de recherche et d'information indépendantes sur le génie génétique (CRIIGEN), présidé par Corinne Lepage. Il a écrit de nombreux ouvrages, dont : Krach alimentaire, nous redeviendrons paysans, La Terre malade des hommes, Agriculture biologique : préservons notre futur, Terres d'avenir : pour un mode de vie durable *et* Médecines et alimentation du futur.

■ Je suis né dans cette ferme, je suis fils et petit-fils de paysans.
Dans la famille, on avait une vocation de dresseurs de chevaux. Papa, qui côtoyait le danger en permanence, ne s'en rendait plus compte et n'était pas prudent. Un jour, il a eu un accident qui lui a brisé la jambe et la cheville, et il est devenu handicapé. Je suis alors revenu de la ville où j'étudiais pour aider aux travaux de la ferme.
J'ai donc connu vers 15-16 ans la vie des paysans avec un lever vers 3 ou 4 heures du matin. J'étais terriblement amer de voir dans quel mépris on tenait cette classe paysanne.
Mes copains étaient libres les samedis et les dimanches, et moi, je n'avais même pas mon dimanche matin. Pourquoi ? Parce qu'il fallait soigner les animaux, les panser, nettoyer les étables. Et je ne pouvais pas me plaindre à qui que ce soit, parce qu'il fallait bien que quelqu'un fasse le travail.
Je ne comprenais pas pourquoi on nous rabaissait, alors que nous faisions tellement de choses, je ne voyais pas pourquoi traiter quelqu'un de "paysan" était une insulte, alors qu'on était si utiles. C'est nous qui assurions le soin de la terre et la production alimentaire.

En 1969, mes parents venaient de se convertir à la bio, et je me suis retrouvé à la tête de la plupart des organisations qui ont négocié l'officialisation et la certification de la bio.
J'ai été nommé à la Commission nationale des labels bio en 1983, puis renommé par tous les gouvernements successifs, et j'ai terminé comme président de cette commission, de 2004 à 2007. Dans les années 1970, on était en proie à toutes sortes de tracasseries administratives, avec des descentes régulières de la Répression des fraudes. On n'avait pas le droit de dire qu'on cultivait bio parce que c'était, paraît-il, de la concurrence déloyale. C'est comme le procès que j'ai eu pour avoir sauvé une variété de pommes de terre qui est interdite parce qu'elle n'est pas au catalogue. Quand l'institut de Beauvais est venu me féliciter pour avoir retrouvé cette ancienne pomme de terre que tout le monde croyait disparue, je leur ai dit : Vous allez me donner une médaille, alors ! – Ah non, on vous met une amende parce que cette pomme de terre n'est pas au catalogue et qu'on n'a pas le droit de la vendre.

Je me suis dit que c'était excellent, que ça allait me donner l'occasion de rendre public le scandale que constitue cette réglementation qui interdit ce qui a accompagné l'humanité depuis qu'elle existe. Ce sont des plantes qui ont nourri des générations, et je ne vois pas pourquoi elles sont illégales – si ce n'est pour servir les intérêts des grandes entreprises semencières.

Et je pense que ça démontre le consensus ou plutôt le concubinage entre l'administration, les grandes sociétés semencières et les puissances économiques qui tiennent le monde actuellement. On est très loin de l'intérêt général.

La Politique agricole commune a été détournée au bénéfice de quelques-uns. Elle n'est plus là pour assurer l'alimentation des populations mais pour assurer l'alimentation des comptes en banque de la pétrochimie et de l'industrie lourde, et c'est d'ailleurs ce qui a fait disparaître à vitesse grand V toute cette population agricole, remplacée aujourd'hui par des molécules chimiques dans les champs.

Depuis quarante ans, le monde rural n'a cessé de s'étioler. Des milliers de petits agriculteurs souffrent ou disparaissent, alors qu'une minorité touche presque de quoi se payer 2 ou 3 Mercedes par an. Une exploitation disparaît toutes les 15 minutes en France. En Europe, c'est toutes les 2 minutes. Des millions de petits agriculteurs chinois, du fait de l'industrialisation, sont chassés de leurs terres dans des conditions dramatiques. On a programmé leur disparition, ils s'entassent dans les gares des grandes villes avec leur famille et leur barda, ne sachant plus où aller, avec les mêmes conséquences sur la terre, l'environnement et la sécurité alimentaire que ce que nous vivons ici en Europe, c'est-à-dire une agriculture sous perfusion, les plantes mises dans un vaste hôpital court-circuitant le système naturel des échanges.

Cette agriculture artificielle est elle-même sous perfusion financière, puisqu'elle ne tourne que grâce aux subventions. S'il n'y avait pas les subventions, le système se serait écroulé depuis longtemps. Cela veut dire que ce que l'on n'ose pas prendre dans la poche du consommateur pour payer le prix réel des produits, on va le chercher dans la poche du contribuable et, comme généralement c'est le même, le tour est joué. Tout cela pour maintenir, sous l'alibi imparable d'aider nos paysans, la prospérité de la pétrochimie et de l'industrie lourde.

Cette mort des paysans partout dans le monde entraîne la désertification et la déshérence de territoires entiers, ainsi que l'effondrement des économies locales, de l'artisanat et des commerces qui vivaient autour de l'activité de la terre.

Chaque fois qu'une exploitation s'éteint, ce n'est pas seulement le paysan, son épouse et un employé qui disparaissent, mais un petit peu de l'école du village, du mécanicien, de l'épicerie, soit plusieurs emplois directs et indirects.

Et on ne veut pas stopper cette hémorragie, parce que ce type de production qui consomme des engrais, des grosses machines, des pesticides, des plastiques, des serres, des chauffages, etc. profite à l'industrie pétrochimique.

Au sortir de la Seconde Guerre mondiale, quand les politiques se sont interrogés pour savoir comment redresser le modèle alimentaire, ils ont cherché à connaître le chiffre du volume de fumier qu'on utilisait en France. Et personne n'était capable de le dire, car c'était un élément qui passait directement de l'étable à la terre sans donner lieu à des échanges commerciaux.

Mais on a tout de même trouvé l'information. Où ?

Dans les comptes de la Shell Petroleum, qui cherchait à recycler ses usines d'explosifs en nitrates agricoles, et qui avait, elle, calculé le potentiel du marché des nitrates. C'est comme cela qu'on a su que la France restituait chaque année 120 millions de tonnes de fumier dans ses sols. Aujourd'hui, ce n'est même pas 30 millions.

Et personne ne s'interroge sur les conséquences de cette disparition d'un élément qui nourrit les bactéries des sols, et qui permet aux plantes de pousser sans engrais ni pesticides.

Autrefois, le lisier (les excréments des animaux) était mélangé à la paille, et cela donnait l'or noir des étables. Mais, comme on a divisé, cloisonné et délocalisé les productions, on a la paille et les céréales en Beauce, et l'élevage en Bretagne. Et on ne peut même pas restituer la paille en Beauce, parce que le sol n'a plus les bactéries nécessaires pour la digérer, et elle se retrouve intacte dans les sols trois ou quatre ans après. Donc on la brûle. Et, ce faisant, on minéralise encore plus le sol, on détruit encore plus sa faune.

Pendant ce temps, en Bretagne, le lisier part dans les rivières et sur le littoral, provoque les marées vertes au printemps, alors qu'il faudrait remailler le territoire avec des productions différentes et complémentaires.
Et nous sommes devenus les otages de ce système puisqu'on a détruit tous les éléments qui permettraient ce remaillage.
Un sol ne doit pas recevoir plus d'animaux que ceux qu'il peut alimenter, et dont il peut recycler les déchets.
Jamais on ne pourra remplacer les services que nous rend l'écosystème, ou alors cela nous coûtera tellement cher que l'on disparaîtra avant.
La question nous est souvent posée de ce qu'on doit penser des OGM.
Ce débat est très confus en France et la confusion a été bien entretenue.
D'abord, contrairement à tout ce qu'on dit, les OGM sont des plantes à pesticides. Soit elles produisent leur propre pesticide, soit elles sont conçues pour tolérer des pesticides. Avant, on ne pouvait pas mettre du Roundup sur le soja parce que le soja était détruit par le Roundup. Maintenant le soja est capable de recevoir des doses et des doses de Roundup sans mourir parce qu'il le tolère.
Donc les résidus du Roundup seront dans notre alimentation et dans tous les produits à base de soja. Le mensonge, il est énorme, et c'est peut-être pour cela qu'il passe si bien !
En outre les marchands de plantes transgéniques nous disent que les OGM vont nous protéger des pesticides et préserver l'environnement, alors que les mêmes affirment depuis des années que les pesticides ne sont pas dangereux. Donc, finalement, les pesticides étaient dangereux puisqu'on nous présente maintenant des OGM qui vont nous en protéger ! C'est vraiment un discours de malfrats, quoi.
En fait les OGM ont un autre objet, ils servent de cheval de Troie à des gens qui ont comme projet de s'approprier le patrimoine génétique de la planète, qui est notre bien commun, et de faire de l'alimentation de masse un objet de spéculation.
De plus, les OGM génèrent l'affrontement entre deux droits de propriété. Si je cultive mes espèces normales mais que mon champ est contaminé par des OGM, je ne suis plus propriétaire de ma récolte. Celle-ci appartient au propriétaire du brevet des OGM. C'est comme cela que les paysans américains

et canadiens ont été ruinés ces dernières années par Monsanto. Si je ne suis plus propriétaire de ma récolte, cela veut dire qu'un magistrat va devoir trancher entre mon droit de propriété et celui de la firme semencière. C'est la lutte du pot de fer contre le pot de terre, car c'est toujours l'industrie semencière qui gagne. Donc je suis à la fois victime et payeur. C'est une pure escroquerie, cette appropriation de notre patrimoine commun. Imaginez si Lavoisier avait déposé un brevet sur l'azote ou sur le carbone et que plus aucun scientifique n'ait pu travailler dessus ! Où en serait-on ?

Les catastrophes qui sont en train de se produire nous rappellent que nous sommes liés à notre environnement. Le gouvernement australien vient de voter un crédit de 15 milliards de dollars pour réintroduire les bousiers dans les prairies en Australie. Personne ne s'intéresse à cet insecte qui vit dans les bouses nauséabondes. Pourtant, il a un rôle incontournable : en déconstruisant la bouse de vache, il la met à disposition de toute la faune du sol. S'il n'accomplit pas cette mission, la bouse reste intacte et empoisonne le sol. Et on voit pousser ce qu'on appelle des refus, des touffes d'herbe énormes que les animaux ne veulent pas manger parce qu'elles sont âcres. Donc la prairie se dégrade et les bactéries du sol disparaissent. Et pourquoi les bousiers ont-ils disparu ? Parce qu'on a trouvé une formule efficace et rapide pour vermifuger les animaux qui vivent dans les champs et souffrent, à certaines périodes de l'année, de la douve du foie, d'attaques de vers intestinaux. Donc il faut les vermifuger en permanence, sinon cela peut entraîner des pertes de croissance, voire des morts d'animaux. Autrefois les paysans vermifugeaient avec des graines de courge ou des substances naturelles. Mais on a fait ingurgiter aux animaux de nouveaux produits chimiques, qui ont intoxiqué les bouses et tué les bousiers. C'est là qu'on comprend qu'écologie et économie sont indissociables, puisque les politiques australiens sont maintenant obligés de voter un budget de 15 milliards de dollars sur quinze ans pour réintroduire les bousiers… Voilà un bel exemple de l'absurdité du monde dans lequel on vit, de cette vision parcellaire, étroite et sectorielle que l'on a trop souvent.

Il n'y a plus d'agronomie en France. L'agronomie, c'est la science de la gratuité, la manière de gérer les écosystèmes pour tirer parti de leurs fonctions gratuites et naturelles. Or on a évacué au maximum les fonctions naturelles des écosystèmes pour leur substituer les artifices coûteux et polluants de la pétrochimie et de l'industrie lourde. Mais le système est arrivé à bout. On a tellement donné dans l'absurdité que la mégamachine n'a pas d'autre moyen que de revenir au statut originel de l'agriculture et du paysan. Jamais on ne pourra remplacer les services que nous rend l'écosystème.

En 2005 est sorti un rapport commandité par le ministère de l'Agriculture et le ministère de l'Ecologie, portant sur la question du devenir de l'agriculture française en 2025. Le résultat est étonnant. Trois solutions se présentent pour l'avenir : l'agriculture polluante, qui est éliminée d'office car générant des scandales que le public n'acceptera plus, une agriculture qui diviserait la production entre les régions européennes – la féta en Grèce, le vin en Italie, les fruits et les légumes en Espagne –, qui est aussi éliminée pour cause de pollution massive par les camions chargés de redistribuer les produits, et enfin le dernier scénario, dont ils pensent qu'il sera le modèle le plus plausible en 2025, qu'ils nomment "agriculture à haute performance environnementale" et qui n'est ni plus ni moins que l'agriculture biologique. De toute façon, le pétrole, qui va devenir très cher, ne nous permettra plus de faire de grandes productions de masse. Les hommes vont être obligés de revenir à la terre et de procéder à une relocalisation. Le rapport prévoit qu'en 2025, cette agriculture à haute performance environnementale recouvrira 100 % du territoire et ramènera 1 million de paysans à la terre. La carte projetée du maillage entre l'élevage et les diverses productions vivrières, c'est la physionomie de la France au début du XXe siècle !

Le rapport de la FAO de 2007 (Food and Agriculture Organization) plébiscite aussi l'agriculture biologique. C'est une révolution culturelle ! Les politiques commencent à se rendre compte que l'agriculture biologique peut aussi bien nourrir la population mondiale que l'agriculture conventionnelle, et ce avec beaucoup moins de désordre et de dégâts pour l'environnement et la santé. Les autres pays l'ont déjà compris, mais la France, qui était sous l'influence du lobby des grands syndicats agricoles comme la FNSEA (Fédération nationale des syndicats d'exploitants agricoles), a empêché le développement de l'agriculture biologique pendant des années. Sous couvert de syndicalisme agricole, les fédérations ont servi la pétrochimie et accompagné la disparition de milliers de paysans, alors que leur rôle était de les maintenir à la terre.

Pierre Rabhi

VERS LA SOBRIÉTÉ HEUREUSE

Pierre Rabhi est l'un des pionniers de l'agriculture écologique. Très tôt confronté à la problématique de l'agriculture intensive et convaincu des impacts très négatifs de cette pratique sur les sols, l'eau, la santé publique et les écosystèmes, il décide dans les années 1960, avec sa femme, d'expérimenter l'agriculture écologique en Ardèche.

Depuis 1981, il transmet son savoir-faire partout dans le monde pour contribuer à l'autonomie alimentaire des populations en général et des plus démunies en particulier, et les former à la sauvegarde de leur patrimoine nourricier. En 1985, il crée le premier centre de formation à l'agroécologie au Burkina Faso, en partenariat avec le Point Mulhouse. Cette initiative sera fortement soutenue par le président Sankara. Par démultiplication, on évalue aujourd'hui à plus de 90 000 les paysans burkinabés pratiquant la technique qu'il enseigne, et la demande ne cesse de grandir partout dans le monde. Il a initié le CIEPAD *(Carrefour international d'échanges de pratiques appliquées au développement), en collaboration avec le conseil général de l'Hérault et l'appui d'Edgar Pisani, qu'il a présidé jusqu'en 1998. Chevalier dans l'ordre national de la Légion d'honneur, il est reconnu comme expert international pour la sécurité alimentaire et a, à ce titre, participé à l'élaboration de la Convention des Nations unies pour la lutte contre la désertification et l'émigration.*

Il préside aujourd'hui le mouvement Colibris (coproducteur du film) qui a pour vocation d'encourager, valoriser, relier les solutions pour un avenir fondé sur la logique du vivant. Il a également créé ou inspiré plusieurs structures associatives comme les Amanins, les Amis de Solan, le Hameau des Buis, le MAPIC *(Mouvement Appel pour une insurrection des consciences), les Oasis en tous lieux, Terre et Humanisme et travaille également au Maroc et en Roumanie.*

A la demande d'un public de plus en plus nombreux et désireux de partager son expérience, il donne des conférences, des interviews, écrit des articles, etc. Il a par ailleurs publié de nombreux ouvrages, parmi lesquels L'Offrande au crépuscule *(primé par le ministère de l'Agriculture français),* Graines de possibles *(dialogue avec Nicolas Hulot)*, La Part du colibri, Manifeste pour la terre et l'humanisme *(Actes Sud)*. *Son nouveau livre,* Vers la sobriété heureuse, *est paru en avril 2010 aux éditions Actes Sud.*

■ Né dans une oasis du désert, je suis issu d'une double culture, puisque j'ai été élevé très jeune par des Européens, tout en gardant un pied dans ma culture traditionnelle. J'ai été ainsi pris entre tradition et modernité, Nord et Sud, islam et christianisme. J'ai quitté l'Algérie parce que la violence y devenait insupportable, et je me suis retrouvé en fait exclu des deux cultures. Le choix du christianisme m'a exclu de ma culture originelle, musulmane, et mon père français m'a mis à la porte pour des questions de positionnement politique.

Je m'étais beaucoup intéressé à la philosophie de l'histoire, qui m'avait amené à essayer de comprendre la modernité, cette modernité qui faisait obligation aux peuples dits sous-développés de se mettre à jour d'une évolution à laquelle rien ne les avait préparés. Tout d'un coup il fallait sauter à pieds joints d'un système millénaire à quelque chose de nouveau. Et cela passait par le renoncement à notre identité. Je me suis alors aperçu que ce qu'on m'avait appris à l'école était plus de l'endoctrinement que de l'enseignement. Et qu'en voulant me faire entrer dans la civilisation, on m'endoctrinait. Parce que ce terme de "civilisation" était réservé à l'Occident, hors duquel il n'y en avait pas. L'endoctrinement allait tellement loin qu'on finissait par nous convaincre que nous étions des attardés, ce qui nous faisait tourner le dos à notre propre culture. Et pour moi, c'est cela, la colonisation. Ce n'est pas simplement l'occupation d'un lieu. C'est nier les fondements culturels d'un groupe social, purger l'individu de ce qui lui a donné sa structure en lui disant: Maintenant tu dois devenir civilisé.

Quand je suis arrivé à Paris, je n'appartenais plus à aucune communauté. En essayant de trouver un travail, je me suis rendu compte que je n'avais pas de qualifications et je suis devenu ouvrier spécialisé.

Et alors vous aviez cette hiérarchie qui partait du PDG, pratiquement le représentant de Dieu le Père sur terre, sinon Dieu le Père lui-même, ensuite le directeur général, les cadres supérieurs, les cadres un peu moins supérieurs, et on dégringolait la hiérarchie jusqu'à nous qui étions les OS, les

ouvriers spécialisés. On nous appelait ouvriers spécialisés plutôt pour nous faire plaisir, mais on aurait dû nous appeler des bons à tout faire. Enfin c'était très charitable en termes de sémantique… mais en termes de réalité nous étions les bas de gamme, comme dirait Fernand Raynaud. Ce système était fondé sur le pouvoir, l'avoir et l'oppression.
La seule chose qu'on nous demandait, c'était de produire. Dans le monde industriel, la question fondamentale du "Travaillons-nous pour vivre ou vivons-nous pour travailler" n'a aucun sens. Il faut travailler, travailler et encore travailler. Pourquoi? On n'en sait rien. Pour l'accumulation. On pourrait résoudre tous les problèmes élémentaires de la vie (nourriture, logement, vêtements), mais on va au-delà parce que l'idéologie pousse vers autre chose que simplement répondre à des nécessités. Le productivisme indéfini relié à la croissance économique indéfinie, qui génère ces notions de développement et de PNB (produit national brut), transforme la nation en une nation-entreprise. Et le progrès escompté pour tous est payé par l'aliénation de l'être humain. Un être humain n'existe plus que par sa fonction et son salaire. S'il n'en a plus, il est socialement oblitéré, atteint dans sa dignité. La détresse de l'avoir et du matériel ne cesse de grandir dans les pays du Sud. Et, dans les pays du Nord, c'est la détresse de l'être, c'est-à-dire d'un individu de moins en moins reconnu, malheureux au milieu de l'abondance, parce qu'un homme ne vit pas que de matière.
Quand on analyse l'itinéraire d'un être humain dans la modernité, on s'aperçoit qu'il passe d'une incarcération à l'autre, alors qu'on prétend qu'il se libère. Mais de quoi le progrès nous libère-t-il si nous sommes toujours enfermés dans nos appartements, le métro, les voitures, l'usine? Dès sa naissance, l'homme est à la crèche, ensuite il est enfermé de la maternelle jusqu'à l'université. Ce n'est pas pour rien que les jeunes appellent le lycée le "bahut". Ensuite, il y a l'incarcération militaire. Et puis on travaille dans des "boîtes", grandes ou petites, mais des boîtes. Les gens vont même s'amuser en "boîte". Ils y vont en "caisse". Jusqu'à la dernière boîte, que tout le monde devine…
Le temps de vie des gens est complètement confisqué par une idéologie qui fait d'eux des entités productives et consommatrices. Et c'est grâce à ces deux pédales de la production et de la consommation qu'avance l'idéologie du

toujours plus indéfini cumulatif, qui se traduit par cette croissance économique qui épuise les ressources de la planète.
Pour tenter d'échapper à ce système, j'ai décidé de devenir ouvrier agricole plutôt qu'ouvrier spécialisé. En m'installant à la campagne, je pensais tourner le dos à l'obsession productiviste, mais je l'ai trouvée aussi virulente qu'en ville. Dans l'agriculture, la productivité avait une place très importante, en partie parce qu'il fallait, au sortir de la guerre, répondre à des pénuries. On faisait donc beaucoup intervenir la chimie. L'utilisation de la chimie avait vu le jour du fait des recherches du chimiste Liebig qui avait brûlé des plantes, analysé leurs cendres et observé dedans la présence de quatre éléments majeurs : les nitrates, le phosphore, le potassium et le calcium. Liebig en a déduit que si ces substances se trouvent dans la plante, c'est qu'elle les a prélevées dans le sol qu'elle a en quelque sorte appauvri de ces substances. Selon lui, il suffisait donc de les restituer au sol pour en rétablir l'équilibre. Des expériences comparatives ont confirmé que là où on mettait des nitrates et du phosphore, en y ajoutant du potassium, cela poussait très bien. Au début, on n'a pas pris conscience des dérives de l'agriculture chimique, parce que la production augmentait avec ces substances. C'est Rudolf Steiner qui l'a remise en question en disant qu'on allait minéraliser les sols et que ça provoquerait des désastres.
En tant qu'ouvrier agricole, j'ai très vite découvert les nuisances liées à l'utilisation massive d'engrais chimiques et de pesticides. Dans ces pratiques agricoles, la production et la destruction étaient concomitantes. Mon patron m'envoyait traiter les arbres avec un produit qu'on appelait le Metasystemox, qui était responsable de pas mal de décès et de problèmes de santé (paralysie, cécité, etc.). Il fallait se prémunir contre les produits avec des masques, des gants et même des vêtements spéciaux. Quand on avait fini, on voyait d'innombrables insectes morts, les utiles comme les moins utiles. Nous procédions à un massacre généralisé. Pourtant, l'insecte ou le parasite ne devrait pas être considéré comme un ennemi, mais comme le révélateur de situations ou de carences, ou du fait qu'une variété n'est pas adaptée à son milieu.
C'est à cette époque qu'est sorti le livre de Rachel Carson, qui avait été chargée par le gouvernement Kennedy de faire une enquête sur l'impact de l'agriculture sur l'environnement. Il portait comme titre *Le Printemps silencieux*,

pour signifier qu'il n'y aurait bientôt plus d'oiseaux, parce qu'ils mangeaient des insectes contaminés par l'agriculture chimique. Et, de proche en proche, toute la chaîne de la vie se trouvait touchée : le lapin qui mange l'herbe, le renard qui mange le lapin, etc. En effet, le végétal s'enrichit des substances nutritives de la terre pour se développer puis les transfère à notre estomac comme le ferait un cordon ombilical. Donc tout ce que nous mettons dans la terre, nous le retrouvons dans notre corps. Si elle a reçu une substance négative, celle-ci se retrouve dans notre organisme. C'est pour cela que les maladies et les cancers sont en grande partie dus à notre nourriture frelatée. Plutôt que de parler de sécurité alimentaire, on devrait introduire la notion de salubrité alimentaire. Nous ne sommes pas en insécurité alimentaire en termes quantitatifs, nous le sommes en termes qualitatifs. Quand on se met à table, plutôt que de se souhaiter bon appétit, il faudrait se souhaiter bonne chance, car on ne sait absolument pas ce qu'on met dans notre corps.
Mon choix de travailler la terre ne reposait pas sur une envie de l'agresser. Au contraire, je venais avec l'idée d'être en harmonie avec le milieu naturel. Je me suis donc demandé s'il existait une alternative à l'agriculture qui détruit en même temps qu'elle produit. Une pratique qui permette de vivre et de respecter le patrimoine nourricier, de le valoriser et de le transmettre encore meilleur qu'on ne l'a reçu. C'est-à-dire de revenir à une solidarité avec les générations futures et passées qui a été rompue par le monde moderne. En arrivant dans notre ferme, j'étais très reconnaissant envers ceux qui avaient planté les arbres que j'ai trouvés là. Je ne connais pas le visage de celui qui l'avait fait, mais je savais qu'un être humain avait planté ces arbres dont je récoltais les fruits. Moi aussi je voulais planter pour que d'autres, peut-être même pas encore nés, puissent en bénéficier.
J'ai rencontré une jeune fille qui était d'accord pour essayer de vivre en cohérence avec cette conception de la vie, dans un autre rapport à la nature. D'une certaine façon, on a fait notre Mai 1968 en 1957 ! Quand nous avons trouvé la ferme sur laquelle nous vivons depuis plus de quarante ans et où nous avons élevé nos cinq enfants, l'exode rural battait son plein dans cette région des Cévennes. Beaucoup de maisons et de terres étaient à l'abandon. Il y a eu une vague de froid assez épouvantable en 1956 et beaucoup de paysans ont baissé les bras. Et ce d'autant qu'on était au cœur des Trente

Glorieuses et qu'il n'y avait pas beaucoup de chômage. Seulement, ce qu'on occultait, c'est que cette prospérité était payée par les pauvres. C'est le Tiers-Monde, par le biais de la colonisation, qui livrait presque gratuitement l'énergie, la matière première et la main-d'œuvre aux pays riches. Une fracture s'est produite entre le Nord et le Sud, où 1/5 de la population, dotée de la technologie, s'est mis à consommer les 4/5 des ressources planétaires. 1/5 de la population concentre les richesses, et de l'autre côté on a une graduation qui va de la pauvreté à la misère. La pauvreté, encore, est soutenable. Je ne l'ai jamais considérée comme négative. C'est ce que j'ai vécu étant petit. On était pauvres, mais pas misérables. On avait à peu près ce qu'il fallait pour manger. Et, quand on avait résolu le problème de la nourriture et de la survie élémentaire, il y avait tout un espace de jubilation, de tranquillité, qui s'adressait à l'être profond. L'argent avait un impact relativement limité. Par contre, on avait des valeurs qui n'étaient pas monétaires, des valeurs immatérielles très importantes, des valeurs de l'être.

Les gens considèrent l'Afrique comme pauvre et surpeuplée. Mais c'est faux. L'Afrique est immensément riche et, comparée à l'Asie, elle est sous-peuplée. La superficie de l'Ethiopie, si elle était cultivée correctement, pourrait nourrir l'ensemble des Africains. Alors pourquoi, avec tant de richesses, y a-t-il des poches de détresse, de famine, d'insuffisance alimentaire ? Ce n'est pas dû au manque de ressources, mais à ce principe du développement qui donne à l'argent les pleins pouvoirs, et ne tient compte que de la richesse monétaire en occultant les richesses vernaculaires – la solidarité entre les individus, les lopins de terre, etc. – et tout ce qui est économie informelle, alors qu'en réalité l'économie formelle repose sur l'informelle. Imaginez si chaque mère envoyait sa facture à l'Etat en lui disant : J'ai fabriqué, nourri et entretenu un de vos citoyens, je l'ai surveillé, je l'ai emmené à l'école, vous me devez tant !

Les pays du G8 sont riches parce qu'ils prélèvent beaucoup plus de ressources que les autres sur le bien commun. Leur système est fondé sur la spoliation. Ils sont allés chercher les ressources, les matières premières et l'énergie fusil à la main, mais gratuitement. Si tous les habitants de la planète voulaient vivre comme des Américains, il faudrait 6 planètes comme un Français, il en faudrait 3. Donc le prélèvement est considérable et ne concerne qu'une minorité. Le reste de l'humanité subit les outrances d'une minorité. En plus, on somme les pays en développement de suivre ce peloton de tête, ce qui ne fait qu'accélérer l'épuisement des ressources. Et puis il y a les pays sous-développés, qu'il faut aider à coups de secours de toutes sortes, et l'humanitaire devient le palliatif du manque d'humanisme. Cela nous installe dans la logique du pompier pyromane. On ne remet pas en question le système destructeur, et on prétend corriger les dégâts qu'il provoque. On pille la planète, on confisque les biens des gens, on les empêche d'évoluer et, quand ils sont dans la détresse, on leur apporte des sacs de riz en se faisant passer pour des champions de générosité. Toutes ces ambiguïtés sont indignes. Il n'y a qu'un humanitaire acceptable, c'est celui de l'urgence, lorsque se produit un cataclysme – tremblement de terre, tsunami ou autre. Tout le reste n'est que la justification d'un système qui se prétend charitable alors qu'il est ravageur. Et c'est la même chose dans les pays dits prospères. En France, si l'Etat n'apportait pas des subsides sous forme de RSA (revenu de solidarité active) et de palliatifs sociaux, et si les secouristes (Emmaüs, Restos du cœur, Secours populaire…) arrêtaient leur action, on verrait l'ampleur du désastre. En fait, la France est un pays misérable, mais la misère y est masquée.

Quand nous avons acheté notre ferme, notre idée était de vivre dans la sobriété, d'ajuster notre vie à nos besoins réels. Personne ne voulait de cette ferme. Elle coûtait 15 000 francs, ce qui n'était pas beaucoup même au début des années 1960, mais le Crédit agricole ne voulait pas nous prêter d'argent parce qu'il disait qu'on allait crever de faim et qu'il ne voulait pas nous aider à nous suicider. Nous sommes restés treize ans sans électricité, sans téléphone. Le chemin qui menait à la ferme était à peine praticable. Mais nous avons décidé de nous y installer pour l'abondance des biens immatériels. Le beau paysage, l'air pur et le silence sont des biens qu'on ne fait jamais figurer dans un bilan. On ne dit pas 10 000 francs d'air pur, même si cela viendra peut-être. Les choses rares deviennent précieuses. En tout cas il nous paraissait indispensable que ces valeurs immatérielles soient présentes dans notre vie, parce que nous en avions besoin pour notre épanouissement et celui de nos enfants.

L'agriculture écologique a été d'un immense secours sur cette terre rocailleuse. Sur les 5 hectares au total, 2 seulement étaient travaillables, grattables, on ne pouvait même pas dire labourables. On avait plusieurs principes. L'autolimitation qui consiste à ne pas dépasser certains seuils au-delà desquels on tombe dans des logiques de production différentes. Et une remise en question du temps tel que l'Occident l'a défini, à savoir du *"Time is money"*. Si tout le temps est argent, l'argent investit la durée même d'un individu. On se dit : Ne perds pas de temps, gagne du temps. D'où cette suractivité, qui en fait ne se justifie pas. Elle n'est justifiée que par le toujours plus indéfini, mais pas par des nécessités concrètes. Les besoins réels sont pondérables et limités. C'est le superflu qui n'a pas de limite. Et l'épuisement de la planète n'est pas dû à une réponse aux besoins légitimes de l'humanité, car 10 milliards d'individus pourraient parfaitement se nourrir sur cette planète, il est dû au superflu.

L'agriculture a subi un dommage très important à cause de la spécialisation. Avant, dans les fermes, tout était regroupé : la production végétale, les animaux, le poulailler. Ensuite il y a eu des viticulteurs, des arboriculteurs, des maraîchers, des producteurs de viande, de lait, de fromage, et tout a éclaté en spécialisations. Or ces spécialisations vont à l'encontre du système intégré, qui donne de la force parce qu'on ne met pas tous ses œufs dans le même panier. Si on est défaillant sur une production, l'autre peut nous sauver. Alors que, si on ne fait qu'une culture et qu'elle échoue, on est ruiné. Une structure à taille humaine présente en plus l'avantage d'avoir une variété de productions qui reconstitue l'écosystème que l'on garde vivant grâce au travail. Je mets du compost dans la terre, qui produit des végétaux, qui nourrissent les animaux, qui font du fumier, qui est reçu sur une litière, qui est compostée, et la boucle est bouclée. Si en chemin je produis en plus mes graines, je crée vraiment un système autonome.

Et l'autonomie, c'est le maître mot, c'est la seule chose qui nous permettra de sortir de l'impasse dans laquelle nous nous trouvons. Car on ne se rend pas compte que notre capacité à survivre par nous-mêmes nous est chaque jour confisquée par des systèmes totalitaires, des tyrannies économiques.

Et la seule chose qui puisse ébranler les multinationales, c'est de nous organiser pour ne pas en avoir besoin. Ce qui implique de re-localiser l'économie et que chaque territoire puisse assumer ses besoins, ce qui limitera les transports, la dépendance, la pollution, la dégradation… Il y a quelques décennies, un membre du Congrès américain disait que ce n'était pas la peine de dépenser de l'argent pour fabriquer des armes, qu'il suffisait de posséder l'arme alimentaire pour posséder l'arme absolue. Si les camions ne livrent plus les supermarchés, les gens mourront de faim. D'où l'idée du droit et des devoirs des populations à se nourrir elles-mêmes. Il y a des populations à qui on ne confisque pas forcément le droit de se nourrir elles-mêmes, mais qui n'intègrent pas la notion qu'elles doivent le faire. Comme le marché fonctionne sur ses propres lois, si la survie devient un problème, la loi du marché ne se sentira pas forcément concernée. On ne fait pas de l'altruisme avec du commerce.

Cultiver son jardin quand on en a la possibilité, c'est donc un acte politique, un acte de résistance. Tout le monde ne peut pas être à la campagne à cultiver son jardin, mais ceux qui sont en ville peuvent parfaitement se solidariser avec ceux qui sont à la campagne, et ainsi faire un pont par-dessus la sphère affairiste. C'est le principe des AMAP, qui rassemblent le consommateur urbain et le producteur rural.

Nous sommes dans une transition qui peut être extrêmement fertile entre un système qui est en train de mourir et un autre qu'il faut reconstruire. C'est dans cette transition que l'imagination et les utopies doivent fleurir. Il y a un merveilleux chantier qui peut s'ouvrir pour l'avenir. Parce que faire de l'acharnement thérapeutique sur un système moribond, ça n'est pas très exaltant. L'ère du "Pétrolitique", qui aura été la plus courte de l'histoire de l'humanité, est en train de s'achever. On s'est mis dans un véritable traquenard. C'est incroyable qu'on ait fondé une société qui ne doive sa survie qu'à la combustion. Comme cette énergie est en train de manquer, on sent se fissurer tout notre système. On a fait reposer l'ensemble sur un seul pilier et, une fois ce pilier sapé, tout s'effondre.

L'Europe a été subordonnée à une idéologie unique reposant sur la technique, la science, le productivisme et la société marchande. Dans ce contexte de frénésie technico-scientifico-marchande, on avait besoin de main-d'œuvre pour l'industrie. Et cette population vaillante de paysans était idéale. Donc l'industrie a organisé les choses pour envoyer aux paysans des engrais, des machines, afin qu'une seule personne puisse nourrir 5, 6, 10 personnes. On avait donc moins besoin de paysans et ils pouvaient partir vers les villes pour alimenter l'industrie. Les paysans se sont effectivement mis à produire massivement, ce qui a engendré un surplus. La question s'est donc posée de savoir que faire de ce surplus de protéines végétales, comment le rentabiliser. La manipulation a consisté à inverser l'alimentation humaine en exaltant la protéine animale alors que notre alimentation était à 70-80 % à base de protéines végétales. On est passé de gagner son pain à gagner son bifteck.

Or, pour produire 1 protéine animale, il faut à peu près 10 protéines végétales. C'est-à-dire qu'il faut donner 10 kilos de céréales à un bœuf pour qu'il fasse 1 kilo de viande. On applique alors ce qu'on appelle le hors-sol : l'animal n'est plus perçu comme une créature à respecter et à aimer, mais comme une masse de protéines. On part sur l'équation qu'il faut produire le maximum de protéines animales dans le minimum de temps et d'espace, et on gave l'animal à l'alimentation concentrée, dans laquelle il est rare qu'il n'y ait pas de maïs, or pour faire 1 kilo de maïs, il faut 400 litres d'eau. Avec un bœuf, on va nourrir 1 500 personnes mais, avec ce que l'on donne au bœuf, on pourrait nourrir 15 000 personnes. Ainsi, la moitié du territoire français est consacrée à produire des protéines végétales non pas destinées à l'alimentation directe, mais à l'alimentation des animaux, pour que les populations puissent manger des protéines animales. On est même obligé d'importer des suppléments de nourriture pour le bétail, alors que notre pays pourrait et devrait être en autarcie.

En outre, cela engendre des catastrophes en Afrique, parce que les populations travaillent à produire des biens exportables comme le cacao, le café, l'arachide ou le coton. Et le paysan africain est orienté vers cette culture d'exportation selon un scénario très rodé. Des coopératives commencent par lui distribuer gratuitement des engrais. Il fait des essais. Effectivement, l'engrais dope la terre et la production s'élève. Les dégâts viennent après, mais au début c'est spectaculaire. Donc le paysan, convaincu, retourne à la coopérative pour chercher plus d'engrais, mais on lui dit que, maintenant, ce n'est plus gratuit. Le paysan n'a pas d'argent. On lui dit : Ce n'est pas grave, on t'avance les engrais, les pesticides, les semences, à charge pour toi d'amener ta récolte. C'est nous qui la vendrons et, quand on l'aura vendue, on déduira ce qu'on t'a avancé, et on te remettra ce qui t'en revient. Le paysan tombe ainsi en dépendance et se retrouve connecté, de fait, à la mondialisation. Sauf qu'on est dans une logique asymétrique car les intrants dépendent directement du pétrole et du dollar et qu'il faut à peu près 3 tonnes de pétrole pour faire 1 tonne d'engrais. Or le pétrole est indexé sur le dollar qui, même s'il est fluctuant, reste à un certain niveau. En revanche, ce que le paysan produit subit la loi du marché, de l'offre et de la demande. Quand c'est une bonne année, il arrive à peu près à s'en sortir et à rembourser ses dettes mais, quand l'année est mauvaise et que les mauvaises années se répètent, il n'arrive plus à rembourser les avances qu'on lui a faites, devient insolvable, et le voilà ruiné. Et non seulement l'engrais l'a ruiné, mais il a en plus ruiné son sol car, sur ce sol tué par les pesticides et les engrais, plus rien ne pousse gratuitement comme avant. Et à ce moment-là le paysan, totalement démuni, pousse ses enfants à s'en aller vers les villes, voire migre lui-même. Et on voit les villes grossir de paysans naufragés qui s'entassent dans les bidonvilles des mégapoles.

C'est en analysant ce processus que j'ai eu l'idée de proposer aux paysans africains une approche agroécologique, qui leur permette de mieux gérer leur sol et de mieux le nourrir en s'affranchissant des intrants reliés au dollar. C'est comme ça que nous avons développé l'agroécologie au Burkina Faso notamment. Et aujourd'hui, il y a 10 000 paysans qui pratiquent les méthodes que j'ai introduites. C'est pour moi une énorme victoire. D'autant que cela permet aussi de stabiliser les populations et donc de traiter, en amont, la question de l'immigration, qu'on ne peut pas traiter en aval. L'agroécologie permet de fertiliser les sols, de libérer le paysan des intrants chimiques et en même temps d'intervenir sur le milieu naturel en reboisant et en luttant contre l'érosion. Les sols d'Afrique subissent un rayonnement solaire très puissant qui les stérilise parfois sur 20 ou 30 centimètres rien que par la chaleur. Aucune bactérie n'arrive à survivre, et la seule façon de restituer ce cheptel bactérien et de remettre en route le métabolisme des sols, c'est de lui apporter des levures. Et le compost bien fait, c'est du levain bactérien. Grâce à lui, on est arrivé à multiplier les rendements par 3, 4 ou 5 sans bourse délier et en obtenant des produits de très haute qualité.

La vie, depuis les origines, a organisé un système où tout ce qui meurt génère de la vie. Dans la forêt, quand les feuilles sont tombées, vous marchez sur une litière qui fait du bruit. Si vous écartez la litière de l'année, celle de l'année précédente est en voie de transformation. A force d'écarter, vous tombez sur une matière noirâtre qu'on appelle l'humus. Et l'humus est l'élément clé autour duquel naît la vie. C'est à la fois la fin et le début. Il a tellement de valeur qu'étymologiquement, humus, humanité, humilité, humidité, tout provient de là. L'humus permet à la terre de respirer, à l'eau de mieux s'infiltrer, et c'est un ferment bactérien. Dans 1 gramme de bon humus, il y a 1 à 2 milliards de bactéries, qui vont constituer un ferment ressemblant à un levain. C'est pour cela qu'on dit qu'un bon agriculteur, c'est quelqu'un qui sait faire lever la terre, comme le boulanger fait lever la pâte. La terre doit sa vie à l'humus. S'il disparaît, le désert s'installe. Et pourtant, cet humus est extrêmement ténu. Cette toute petite enveloppe à laquelle nous devons la vie est présente sur à peu près un tiers du globe. A peine 10 % de ce tiers est labourable et nourricier. Quand on voit cette terre indispensable à notre survie bétonnée, malmenée, ravagée par une érosion qu'accélèrent le labour et le déboisement, et qu'on observe le désert s'installer, on comprend qu'on est dans un processus qui ne peut qu'aboutir à des famines et à des pénuries catastrophiques.

Et tout ce que nous faisons à la terre, nous le faisons à nous-mêmes. C'est cela que nous n'avons pas compris. Nous ne sommes pas des princes supérieurs qui dominent tout. Nous sommes des mammifères qui font partie du monde, avec une conscience et un entendement. Je ne parle pas d'intelligence, parce que je doute que nous en ayons, mais de conscience et d'entendement. Et cette conscience, elle ne m'a pas été donnée pour que je sois le plus malin sur cette planète, pour que je sois le meilleur prédateur et que je subordonne toute la vie à mes caprices, mais pour que je prenne soin de cette vie. Car l'agriculteur est le premier responsable de la santé de l'humanité, avant même le médecin.

Parmi les gens pauvres issus de l'immigration, il y a beaucoup de fils de paysans, de fellahs, qui considèrent que c'est une déchéance de travailler la terre. Ils se sentent déjà déconsidérés dans la vie urbaine, et ont l'impression que ce serait une nouvelle dévalorisation que de leur proposer d'être agriculteurs. Tant que mentalement ils n'auront pas été décolonisés, ce sera très difficile d'aller plus loin. C'est pour cela qu'il nous faut réhabiliter le paysan, un paysan nouveau qui serait en même temps un bon technicien, un bon gestionnaire, un bon scientifique, mais aussi un poète. Je ne vois pas un avenir uniquement urbain. Je ne vois pas un espace rural désertifié et des millions de gens confinés dans les villes, qu'il faudra nourrir sans qu'ils participent à la production de leur propre nourriture. Ce serait de la folie.

Et je ne suis pas simplement dans le discours. Moi-même je fais, je réalise, je cultive mon jardin, je m'occupe de mes arbres et je me nourris. Et je ne le fais pas par contrainte, mais avec grand bonheur. C'est pour cela que je préconise d'aller vers cette sobriété heureuse. La révolution moderne, c'est peut-être une civilisation agraire adaptée. En tout cas le lien à la terre me paraît absolument indispensable. Il faudrait que les politiciens révisent la politique foncière de façon à protéger le bien commun et à faciliter l'accès à la terre à ceux qui désirent la travailler comme une activité économique, mais aussi comme une activité d'accomplissement personnel. Et, si l'accès à la terre était facilité, il y aurait beaucoup de candidats. Parce qu'aujourd'hui, même si vous voulez vivre pauvrement, il faut commencer par être millionnaire, tellement l'accès à la terre est devenu difficile, et ce n'est ni normal ni juste.

Laurent Marbot

LES AMAP, LE LIEN ENTRE LE CHAMP ET L'ASSIETTE

*Laurent Marbot est maraîcher bio à l'*AMAP *de Vanves, dont il est l'initiateur. En 1996, après des études commerciales, il opère une reconversion vers les métiers de l'agriculture, en obtenant un* BTS *agricole. A l'issue de cette formation, initié à l'agriculture bio par un réseau de connaissances qu'il s'est constitué à l'école, il décide de s'installer en association (informelle) sur quelques hectares avec un collègue céréalier (150 hectares, non bio), lui aussi désireux d'aller vers le bio.*
*Aidés et formés par Freddy Letissier, fondateur des Jardins enchantés, les deux associés opèrent petit à petit la transition vers le maraîchage biologique. Le temps que son activité lui assure une autonomie financière complète, Laurent Marbot a exercé à mi-temps le métier d'inspecteur phytosanitaire de l'aéroport de Roissy. Expérience qui le renforce dans ses engagements pour une agriculture biologique, car elle lui donne l'occasion de découvrir l'absurdité de la politique française en matière de gestion des marchandises vivantes importées pour la consommation domestique, c'est-à-dire essentiellement des fruits et légumes : chimie à outrance, produits à peine mûrs, gaspillages, etc. C'est avec le lancement de l'*AMAP *de Vanves qu'il peut se consacrer entièrement au bio, et même aller plus loin dans son désir de promouvoir une autre agriculture, puisqu'il participe à la création, en 2009, en coopération avec Freddy Letissier et le réseau d'*AMAP-IDF, *d'une couveuse d'activités agricoles et rurales, l'association Le Champ des possibles. Face au déficit chronique d'installations agricoles en Ile-de-France, à travers le réseau francilien des* AMAP, *l'association a décidé d'agir de façon concrète par le biais de la formation pratique et de l'accompagnement des porteurs de projets en agriculture biologique sur la région. Fruit du partenariat dynamique entre producteurs et consommateurs, le projet de ferme couveuse entend participer au redéploiement d'une agriculture nourricière de proximité, créatrice d'emplois et de liens économiques et sociaux à l'échelon local.*
Laurent Marbot travaille aujourd'hui sur 6 hectares et produit 75 paniers. Il a déjà pu accueillir ou faire accueillir 3 personnes en formation.

■ AMAP veut dire Association pour le maintien d'une agriculture paysanne. Le principe en est né au Japon. Comme c'est une île, il y a des problèmes de pesticides : toutes les importations doivent être traitées avec des produits chimiques pour tuer l'intégralité des insectes qui pourraient s'introduire. Et après la guerre tout était importé, car les Japonais ont développé l'industrie au détriment de l'agriculture. Les aliments étaient cultivés avec des produits chimiques, et en plus retraités pour l'importation. Les AMAP sont parties du fait que des mères de famille ont voulu assurer leur autonomie alimentaire et une alimentation saine. Elles sont allées voir les derniers paysans qui restaient en leur disant : Arrêtez de produire n'importe comment, développez-vous et donnez à vos enfants l'envie d'être agriculteurs. Le principe, c'est d'acheter la récolte à l'avance au prix de production (et non plus du marché), et donc de financer le revenu et les frais du paysan afin qu'il ne coure plus de risque au niveau économique et qu'il puisse passer à l'agriculture biologique. Les consommateurs se sont mis en commun pour financer des produits sains, parce que les politiques du Japon à l'époque n'étaient pas en faveur d'une agriculture biologique. C'est le mouvement des AMAP (qui s'appelle Tcikci là-bas) qui a introduit l'agriculture biologique au Japon. Maintenant, il s'est développé, émancipé et a colonisé les magasins dans les grandes villes.

Le principe s'est répandu du Japon aux Etats-Unis, puis en Angleterre et en Allemagne. En France, cela a pris en 2001 dans le Sud. On a toujours été un peu en retard au niveau du bio. Il y a très peu de temps qu'on se préoccupe de la qualité des légumes, de leur coût écologique et de la toxicité des produits. C'est un agriculteur conventionnel d'Aubagne, qui cherchait une alternative au système du marché, des grossistes et de la grande production, qui a introduit les AMAP.

Le principe de base consiste à se dire : Les politiques nationales et internationales ne vont pas dans un sens qui me semble bon, donc je vais mettre mon argent là où j'en ai envie, et je financerai un paysan en lui demandant en contrepartie d'arrêter les produits chimiques.
Quand la récolte est bonne, j'ai beaucoup de légumes pour l'argent que j'ai donné et, quand cela se passe mal, j'en ai moins. Mais dans tous les cas

j'assure le revenu du paysan qui sera là l'année prochaine et la suivante, et dont j'espère que les enfants continueront sa ferme après lui.

Le fonctionnement, c'est de présenter un bilan chiffré. Par exemple moi, en tant qu'agriculteur, j'ai besoin de 70 000 euros à l'année pour faire fonctionner mon entreprise. Mettons que 70 personnes en face s'unissent pour payer cette somme. J'apporte alors l'intégralité de ma récolte chaque semaine et je divise par 70 le poids de chaque produit pour avoir la quantité que chacun aura dans son panier. On oublie complètement le prix du marché. Les amapiens, en gros, font fructifier leur capital sous forme de légumes. Ce système répond à tous les soucis qu'on avait par rapport à la commercialisation. On faisait de bons produits, tout le monde en voulait, mais il fallait quand même les vendre. Avec les AMAP, je ne perds plus de temps en commercialisation, je n'ai plus de frais. Un maraîcher qui travaille pour Rungis dépense entre 1/5 et 1/6 de son chiffre d'affaires dans l'emballage de ses produits, les frais de commercialisation, le stand au marché, le coût de la camionnette, etc. Là, ces frais sont réduits à néant. En une livraison par semaine, l'intégralité de ma production est vendue. En plus, elle a été payée par avance. Car le principe de l'agriculture, c'est justement qu'on investit avant de commencer à faire des récoltes – on achète des graines, du matériel. A la fin de l'année, on n'a quasiment plus que son propre salaire à payer. Les amapiens paient donc la plus grosse partie au début de l'année, et après ils font un chèque tous les trois mois, d'un montant inférieur. Mais ce système nécessite une prise de conscience des paysans. On ne peut plus se dire : Quand il y aura une bonne année, je gagnerai plus et quand il y aura une mauvaise année, je gagnerai moins. On se dit : Quelle que soit l'année, ma sécurité financière est assurée.

Cela revient un peu au système des échanges. Il y a coproduction. Je n'amène pas mes légumes pour les vendre, j'amène des légumes qu'on a produits ensemble. Si j'étais sur un marché, j'aurais passé trois heures de plus à laver mes légumes, à bien les présenter, à enlever la moindre feuille jaune pour donner aux gens envie de les acheter. Là, il n'y a plus ce côté-là. Les légumes sont à nous, qu'ils aient une feuille jaune ou pas. Chacun enlèvera lui-même sa feuille jaune ou nettoiera la terre sur ses pommes de terre.

Dans l'AMAP, on me donne aussi des coups de main. Il y a 75 familles, donc plein de gens différents qui ont des compétences différentes. Certains peuvent m'aider pour la comptabilité, d'autres au jardin (la semaine dernière, 10 personnes m'ont aidé à ramasser les salsifis), d'autres en mécanique, d'autres en informatique. Je ne suis pas le producteur et eux les amapiens. Je suis un amapien et on s'apporte chacun quelque chose. Ma spécialité c'est les légumes, donc je fournis des légumes. Un autre paysan nous fournit du pain, un autre des pommes. Imaginez tous les services qu'on peut mettre en commun ! Ça recrée une communauté de gens qui ont des intérêts communs et qui font avancer les choses en n'étant pas chacun dans son coin. Pour moi l'AMAP, c'est une révolution !

J'ai l'impression que mon rôle, c'est de créer une alternative, de dire aux gens : Je critique le système, les supermarchés, mais j'ai autre chose qui marche à vous proposer. Je vous propose un système de mutualisation qui permette de se passer de ce qu'on dénonce dans la production industrielle. C'est le seul moyen d'y arriver : sortir de l'agriculture spécialisée et intensive pour revenir à un système complet, global, du genre de la biodynamie, où sur une ferme il y a des animaux, du maraîchage, des grandes cultures, du compost. Tout marche en circuit fermé au lieu de marcher en flux tendu, avec des produits qui arrivent de l'autre bout du monde.

Je commence à croire qu'on aura bientôt une famine en France. Quand on parle de ça aux politiques, en off, ils en sont conscients, mais ils ne veulent pas soulever le problème parce que, sinon, ce serait la panique totale.

Mais en Ile-de-France on est 11,5 millions d'habitants et on est à 3-4 jours d'autonomie alimentaire. On fonctionne avec un flux tendu de camions qui viennent du Sud de l'Espagne, du Maroc, avec des avions qui arrivent à Roissy.

Donc voilà, la situation fait un peu peur. Moi j'ai des collègues qui sont partis s'isoler dans des endroits bien perdus dans le Sud, parce qu'on se demande ce qui arrivera demain, quoi. S'il y a une famine demain, on va avoir une masse de criquets qui vont arriver chez nous, des Parisiens qui chercheront à manger, qui vont tout nous arracher. On est 12 millions d'habitants en région parisienne, il y a cinq ans il y avait encore 350-400 maraîchers autour de Paris, aujourd'hui il n'en reste plus que 150, qui ont pour la plupart 55 ans et qui vont s'arrêter dans les cinq ans… Ça fait un peu peur…

Le bio, ce n'est pas toujours une alternative juste parce que 50 % de ce qu'on peut acheter à Paris ne vient pas de France.
Le bon bio, c'est le bio local.
L'Etat doit installer des agriculteurs bio et une agriculture vivrière capable de nourrir les gens sur place. Mais ce qui leur déplaît, c'est le côté collectif.
Ce qu'ils voudraient, c'est installer trois maraîchers à un endroit, un éleveur à un autre, un céréalier à un autre. Nous, on refuse, car c'est ce système de spécialisation qui a abouti à la situation actuelle où il n'y a plus de fermes valables.

Le gros problème, c'est qu'il n'y a plus assez de producteurs par rapport à la demande. Sur Vanves, on a créé le groupe il y a trois ans. La première année, j'ai demandé à 50 personnes de se mettre avec moi pour tester le système. La deuxième année, on est passé à 60 personnes, avec 50 personnes sur liste d'attente. On a créé une deuxième AMAP avec un autre producteur. Maintenant, on est en renouvellement de contrat. On a 75 adhérents, et 90 sur liste d'attente. On a arrêté de remplir les listes d'attente parce qu'on sait qu'on ne pourra pas satisfaire la demande.
Il y a une vraie demande des consommateurs, les citoyens commencent à prendre conscience.
Mais pour l'instant la production ne suit pas. Et ce n'est pas près de changer. On a détruit des savoir-faire. Les jeunes se disent : Tu pourras tout faire à l'école d'agriculture sauf agriculteur, t'es pas fils d'agriculteur, t'as pas d'argent de côté, tu pourras pas t'acheter une ferme de 400 hectares. Et, pour vivre aujourd'hui de l'agriculture, il faut une ferme de 400 hectares, ou alors être très spécialisé. Il faut avoir 15 salariés qu'on prend au Maroc ou en Pologne parce qu'ils sont moins chers. Honnêtement, si c'est dans le système actuel, je ne conseille pas à un jeune de s'installer.

Il y a un vrai décalage entre la réalité et l'image que les citadins peuvent avoir de la culture bio. Bio, ça ne veut pas dire 100 % naturel. Les gens me parlent de permaculture, de BRF (bois raméal fragmenté), de traction animale. Mais on n'en est pas à un stade où on puisse se permettre ces choses-là. Ces belles idées ne sont pas viables dans la compétition actuelle. On est quand même obligé d'avoir des tracteurs, de dépenser du gazole, d'acheter des tuyaux en plastique.
La pénurie du pétrole va peut-être rendre les autres méthodes possibles. Mais, tant que le système est comme ça, on ne peut pas lancer des jeunes en leur disant qu'ils n'auront pas besoin de tracteur ou de gazole. Il y a quand même une réalité.
Quand j'ai commencé, j'ai compris que, si je voulais vivre de mon métier de maraîcher, il fallait que je devienne "agriculteur", que je me formate un minimum. Je ne suis pas en Ardèche, planté sur une montagne à faire une petite production pour ma famille. Il faut quand même sortir une certaine quantité de légumes. On est toujours mis en compétition avec le système traditionnel super-productiviste. On ne peut pas se permettre de sortir 1 kilo de fraises à 30 euros, ce qui serait peut-être logique si on se fondait sur les coûts, mais n'est pas adapté au marché.

On est en train de créer un groupe qui va démarcher des paysans pour qu'ils se mettent dans le réseau. Les bio sont tous surchargés. On cherche donc maintenant des conventionnels qui veuillent bien passer en bio. Mais il y a de moins en moins de maraîchers. Quant aux jeunes, on les met souvent en relation avec un groupe avant même qu'ils ne soient installés. Certaines associations comme Terre fertile essaient de mettre en place une autre solution. Elles démarchent auprès des municipalités pour voir s'il y a des terres agricoles. Elles réunissent alors des consommateurs qui achètent chacun une parcelle 100 euros, sur laquelle ils font ensuite venir un producteur.
Mais, pour un jeune qui s'installe, une AMAP est quasiment ce qu'il y a de plus dur à faire. En effet, il faut une production échelonnée toutes les semaines, assez régulée, pour que les amapiens aient à manger toute l'année. Même chez les maraîchers expérimentés, c'est un savoir-faire qui s'est un peu perdu. Pour commencer, les jeunes peuvent faire par exemple des

contrats de six mois. L'année d'après, ils rajoutent deux mois, et l'année d'après encore deux mois. C'est quasiment incontournable. Mais il faut trouver des gens vraiment motivés, qui aient une pensée à long terme et ne se disent pas qu'ils vont rentabiliser leur investissement en une seule année.

Pour moi, ça a été plus facile parce que j'étais déjà maraîcher, déjà en bio et que je cherchais à avoir une boutique toute l'année. Malgré ça, c'est notre troisième année, et c'est la première année où on fait la boucle complète, où on a des légumes chaque semaine pendant cinquante-deux semaines.
Chacun a pris l'initiative de créer une AMAP dans son coin, et on a maintenant un réseau qui essaie de structurer tout ça. On va commencer à mutualiser les espérances des différentes AMAP, à faire des journées professionnelles entre producteurs, à aller apprendre aux jeunes à produire des légumes. Dans mon AMAP, les gens viennent me rendre service, donc j'arrive à dégager un peu de temps pour aller visiter un collègue plus jeune qui a moins d'expérience et lui donner des conseils. On organise aussi des rencontres pour discuter comment on gère le rapport entre le paysan qui est tout seul et les amapiens. Que ça devienne vraiment un groupe et non pas seulement un rapport clients-consommateurs.

En Ile-de-France, on a voté le principe que, pour faire partie d'une AMAP, le producteur ait deux ans pour arrêter les produits chimiques. En se disant que, la première année, le maraîcher teste la relation AMAP, voit s'il peut avoir confiance dans les gens qui se mettent en partenariat avec lui. Que, la deuxième année, il se pose les questions pour aller vers le bio, qu'il commence à acheter des outils qui lui permettent de le faire, qu'il finisse d'écouler ses graines et son terreau non bio. Et que, la troisième année, il n'utilise plus de produits chimiques. Ça peut se discuter, mais on essaie de remplacer la certification bio par un lien de confiance. Pour passer du conventionnel au biologique, ça demande un apprentissage. C'est le même métier à la base, mais on utilise les choses différemment et, surtout, on gère les risques différemment. Forcément, les premières années, il peut y avoir des problèmes d'ajustement. Mais, le principe des AMAP c'est de dire : On va vous aider à arrêter de prendre des produits chimiques en vous finançant. C'est bénéfique pour vous autant que pour nous, donc on partage les risques. Il faut réussir à créer le bon lien pour que le producteur ait confiance et qu'il n'ait pas peur que, s'il y a des pucerons dans ses salades, les gens les lui refusent. Parce que c'est ça qui pousse à mettre des produits dans les légumes. Ce n'est pas pour le plaisir, c'est parce qu'on nous demande un produit nickel qui est refusé s'il y a une feuille jaune ou un insecte.

Avec l'AMAP, la production locale retrouve un attrait. On renoue un dialogue avec les consommateurs. On a un retour sur les produits. C'est la saveur des aliments qui tisse la relation entre le consommateur et le producteur.

Emmanuel Bailly

AUTONOMIE ALIMENTAIRE

Après une activité de microtechnicien dans la construction aéronautique, Emmanuel Bailly quitte Paris en 1994 pour devenir un paysan bio dans le Berry, pays de ses ancêtres.
Affinant sa vision d'un monde idéal en même temps qu'il affine ses fromages, quelques années s'écoulent avant qu'Emmanuel Bailly se décide à reprendre le chemin des grandes écoles afin de participer plus activement à la défense de l'environnement à l'échelle européenne.
Devenu ingénieur en environnement de l'Ecole nationale supérieure des ingénieurs de Limoges, il conceptualise en avril 2005 l'aménagement du territoire en une formule-choc, le concept d'"écorégion", et crée divers outils, dont notamment "l'indice de souveraineté alimentaire", un indicateur permettant d'évaluer l'état de dépendance alimentaire d'un territoire.
Ainsi, le concept de l'"écorégion", fruit d'une expérience professionnelle riche et atypique dont les principes de base sont évoqués dans le livre Terres d'avenir: pour un mode de vie durable, *paru aux éditions Alphée en 2007, contribue à l'émergence d'une intelligence territoriale et donne des clés pour agir sans plus attendre avec raison et bon sens.*
Convaincu que la lutte contre le dérèglement climatique est une priorité d'ordre planétaire, il fonde en novembre 2007 la société Ecorégion Concept Territoires, une entreprise innovante agréée par le ministère de la Recherche pour assurer la promotion du concept d'"écorégion" à l'échelle européenne.
Depuis sa création, la société ECT propose ses services et ses conseils aux collectivités territoriales ainsi qu'aux élus et décideurs sur l'ensemble du territoire.

■ J'ai calculé pour le Limousin un équivalent habitant/consommation alimentaire qui mesure les quantités consommées par habitant et par an : 100 kilos de viande, 115 kilos de légumes et 60 kilos de pain, et les compare à la production déclarée par les agriculteurs du Limousin. Je me suis alors aperçu que le Limousin ne produisait plus rien à manger à part des bœufs engraissés aux OGM, programmés pour être exportés en Espagne, et tués dans le Limousin parce qu'on a subventionné les abattoirs. Je me suis aussi aperçu que, sur 7 400 hectares auparavant dévolus aux pommes de terre, il n'en reste plus que 300 et, sur les 1 300 hectares de légumes frais, plus que 300 aussi. Ce qui correspond à 8 % de la demande alimentaire. C'est-à-dire que 92 % de l'alimentation des habitants du Limousin sont importés. Et toutes les régions françaises sont fragilisées de cette façon. La Franche-Comté ne produit plus que 1 % de son alimentation, la Corse est au-dessous de 1 % alors qu'elle accueille des millions de personnes par an. Le moindre embargo de quinze jours sur la Corse, et il n'y a plus rien à manger. Même chose pour l'Ile-de-France. Elle ne fabrique que 1 à 2 % de l'alimentation de ses 11,5 millions d'habitants. La spécialisation des régions rend les populations dépendantes les unes des autres. Et on assure à la fois leur docilité et l'enrichissement de ceux qui sont au carrefour des échanges et qui les régulent, à savoir l'OMC (Organisation mondiale du commerce). L'OMC, c'est tout sauf la démocratie puisque ce sont des marchands qui dictent leurs lois aux Etats qui obtempèrent. Comment les gens peuvent-ils être assez endormis pour considérer que c'est normal ?

Philippe Desbrosses :
Il ne faut pas s'exclure de l'acte de production et le laisser à quelques-uns qui ensuite ont la charge de répartir, croit-on équitablement, les biens de cette terre. Le problème de la famine n'est pas technique ni même économique, il est politique. Il concerne la répartition équitable des biens de la terre.
Et ce serait le rôle des hommes politiques d'être les régulateurs de la société. Mais ils ne le jouent plus puisqu'ils sont à la botte du pouvoir économique, qu'ils soient de gauche ou de droite. Mais alors pourquoi vote-t-on pour des hommes politiques ? Il faut voter pour des banquiers !

Emmanuel Bailly :
On parle de problème de souveraineté alimentaire pour les pays du Sud, mais la souveraineté alimentaire en France, elle est inexistante et, en cas de

catastrophe climatique, sanitaire ou énergétique, on est incapables d'approvisionner notre pays. L'objectif de la PAC était de garantir la souveraineté alimentaire de l'Europe. Elle l'a atteint, mais seulement sur des chiffres globaux, c'est-à-dire qu'un territoire peut ne faire que du blé et un autre que des poulets. On est bien en termes de tonnages, mais on a désorganisé les écosystèmes de chaque territoire en spécialisant et en divisant la production. Alors je me suis demandé comment on pouvait restaurer ce que j'ai appelé "l'agro-immunité" des régions, c'est-à-dire un système viable, durable, dans lequel on met en place des périmètres de souveraineté alimentaire en agrobiologie qui vont créer des millions d'emplois, garantir que ce ne sera pas la famine si les engrais, les tracteurs et le pétrole disparaissent, si ce système technologique s'effondre, et donner aux gens une chance de se réapproprier leur liberté, leur dignité et leur vie.

Les crises énergétique et climatique vont obliger le citadin à prendre conscience de la nécessité de cultiver la terre. Il faudra finir par choisir entre conduire et manger. Car on sait pertinemment que, même si on reconvertissait toutes les terres cultivées en biocarburant, on ne pourrait pas faire rouler toutes les voitures françaises. Donc il va falloir développer un autre imaginaire, qui passe notamment par une autre façon de travailler. Peut-être aurons-nous plusieurs métiers, paysan, informaticien, électricien, mais de toute façon il y aura cette dimension agricole en chacun de nous. Il y a eu une déconnexion entre l'intellectuel et le manuel, et c'est cela qu'il va falloir restaurer. Le paysan de demain, l'homme de demain sera à la fois intellectuel et manuel. Ils sont d'ailleurs en train de créer des jardins dans les villes. A Brooklyn par exemple, les quartiers pauvres ont été réhabilités par des gens qui font des jardins sur des balcons, dans des ruines, sur des terrains vagues. Ils ont fleuri ce monde et ce n'est plus du tout un lieu de détresse. C'est jubilatoire. Quand on a tout épuisé et qu'on n'a pas d'autres solutions, on retourne à la terre, on retourne à la base. On devrait apprendre aux enfants à travailler la terre. On ne sait plus planter un poireau, une pomme de terre, on ne sait plus à quelle époque récolter le foin. On ne sait même plus que, pour faire du fromage, il faut qu'une chèvre ait un petit. Les gens sont démunis et handicapés par le fait qu'ils ont perdu tous ces gestes essentiels qui leur permettraient de produire leur nourriture, de

subvenir à leurs besoins. Ce sont des gestes dont on n'aurait jamais dû se séparer, car nous dépendons de la nature par toutes les fibres de nos êtres. Il faudrait re-sanctuariser la terre parce que c'est notre bien commun.
Si le gouvernement voulait faire quelque chose pour les banlieues, il devrait réimplanter ces périmètres de souveraineté alimentaire. Dans les zones pavillonnaires, il est interdit d'avoir des légumes, on les fait arracher. Pourtant, la population pourrait très bien produire son alimentation avec quelques mètres carrés et se passer des gros agriculteurs. Les AMAP (Association pour le maintien d'une agriculture paysanne) sont un exemple de la réaction positive de toute une population qui découvre qu'il faut sauver les derniers paysans. Avec les AMAP, les gens ont leur panier hebdomadaire de produits de saison et de proximité sans gaspillage d'énergie ni pollution. Ces transports interminables autour de la planète pour nous amener ce qui est produit à l'autre bout du monde ne vont pas pouvoir continuer.
Si l'on veut vraiment s'affranchir de la crise énergétique, des risques qu'elle engendre, protéger l'individu et recréer une alimentation de proximité et de qualité, il faudra créer ce que j'appelle un service public agricole. Le salut individuel passera par le salut collectif. Si on ne travaille pas en priorité au bien-être du groupe, on continue à créer les désastres dont on sera les victimes. Il n'y a de refuge nulle part sur terre pour se protéger de cette pénurie généralisée de nourriture et d'eau. L'alimentation, c'est un combat, c'est même le combat du siècle. C'est ce qu'on proposait avec le pacte de Nicolas Hulot : de ne plus donner les subventions à quelques privilégiés qui se les approprient, mais de les donner aux collectivités locales de façon qu'elles puissent acheter et produire pour leur population une alimentation de qualité, de proximité et de saison. Ça me paraît beaucoup plus juste que de donner comme aujourd'hui 80 % des subventions agricoles à 15-20 % des agriculteurs.

Philippe Desbrosses :
Mais c'est le problème de l'effet Pareto. Pareto, c'est un économiste italien qui s'est rendu compte que, partout sur la terre, 20 % de la population possèdent 80 % des ressources. C'est structurel. Si on met 6 personnes autour

d'une table de Monopoly, des gens honnêtes, vertueux et tout ce qu'on veut, deux heures après, il y en a un qui a tout et les autres n'ont plus rien. L'explication, c'est que, quand on prend une certaine avance sur les autres joueurs, on ne cesse de la renforcer : on a davantage de biens pour en acheter d'autres, donc davantage de revenus, et on finit par s'approprier tout. Ce n'est pas de la malhonnêteté, c'est la structure qui veut ça. Les sociétés anciennes avaient trouvé un moyen pour réguler cela : c'est le don. Le don, c'est en quelque sorte de la restitution de biens pour que les gens puissent continuer à fonctionner. L'impôt, c'est du don forcé. Les Etats prélèvent le surplus de ceux qui ont la chance d'avoir beaucoup gagné d'argent et le redistribuent aux autres pour qu'ils puissent vivre. Si celui qui a tout gagné au Monopoly n'a pas l'intelligence de redistribuer ses gains, le jeu s'arrête. Et c'est exactement ce qui arrive à notre économie non régulée, puisque les politiques ne jouent plus leur rôle et que l'argent de la redistribution ne va plus à ceux qui en ont besoin mais à ceux qui ont déjà beaucoup. Le plus scandaleux, c'est la situation de 2007. Toutes les cultures intensives ont multiplié par 100 leurs revenus à cause de la flambée des cours des céréales, des plantes oléagineuses, etc. Et dans le même temps ces agriculteurs ont continué à percevoir l'argent des contribuables, c'est-à-dire les subventions de Bruxelles, alors que celles-ci étaient censées compenser leur manque à gagner du fait que les prix mondiaux sont inférieurs au coût de la production agricole en Europe.

EMMANUEL BAILLY :
On a permis à de grands agriculteurs d'augmenter leur patrimoine. Il serait maintenant normal qu'ils affectent un quota minimal d'au moins 10 voire 15 % de leurs terres aux cultures vivrières pour la population locale. On ne peut pas toucher des subventions qui sont payées par la population française et européenne et en même temps refuser de participer à l'alimentation de cette population. Tout producteur, tout agriculteur doit participer à l'agriculture vivrière de sa population avec des périmètres de proximité, des périmètres de sécurité.
On a enlevé aux populations tous les moyens pourtant légitimes qu'elles avaient de se nourrir par elles-mêmes. Elles sont privées de terre, de

semences et bientôt d'outils. Le choc psychologique va être important lorsque, d'ici peu, on va parler de pénurie alimentaire en France. Les gens pensent toujours que la pénurie c'est pour les autres, qu'on est dans notre bulle, définitivement tranquilles. Mais ce n'est pas vrai. Il y a une dégradation phénoménale de l'état écologique des ressources hydriques, avec une surconsommation d'eau par des cultures très gourmandes comme le maïs. En Champagne berrichonne, c'est une aberration. Alors qu'on est prêt à interdire l'eau aux populations par peur de la pénurie, on laisse tourner en plein midi les circuits d'irrigation du maïs qui va nourrir les vaches du Limousin et d'autres régions. En outre, plus personne ne surveille les puits. Quelle commune en France surveille ses puits ? On y met des jardinières qu'on arrose de pesticides pour tuer les mauvaises herbes, sans se soucier de contaminer la ressource en eau. Aucune politique de survie n'est mise en place en cas de grande sécheresse. Cela veut dire que les puits, les semences et les terres ont été confisqués par les multinationales bien sûr, mais aussi par l'indifférence et le manque de connaissances écologiques de la population et des élus. La population française, européenne et internationale doit prendre conscience que la seule richesse qu'elle a, le seul pouvoir qu'elle a, c'est de retrouver une économie locale de survie.

Dominique Guillet

LUTTER CONTRE LA CONFISCATION DU VIVANT

Président fondateur de Kokopelli, association qui milite pour la sauvegarde de la biodiversité des semences, Dominique Guillet a compris depuis toujours que le salut de l'humanité passait par le respect de la terre.
A la fin des années 1980, il cofonde la société Deva, qui produit et commercialise des élixirs de fleurs de Bach.
Il prend alors la décision de lutter, en préservant les semences anciennes, contre la confiscation des semences par les industriels. Cet engagement donne naissance au jardin botanique de la Mhotte et puis à Terre de semences, qui proposent à la vente des centaines de variétés de plantes potagères savoureuses et reproductibles.
Ce nouveau projet dérange, car la production de semences reste la "chasse gardée" d'une poignée de multinationales qui bénéficient de la bienveillance de l'Etat français.
Sous les attaques de celui-ci, Dominique Guillet décide en 1999 de fermer Terre de semences et de créer l'association Kokopelli, une association désormais reconnue comme un outil incontournable pour la sauvegarde de la biodiversité. L'association Kokopelli revendique et défend le droit des générations futures à choisir leur alimentation, en "libérant" la semence et par la promotion des pratiques agroécologiques.
Elle a pour objectifs de préserver l'agriculture paysanne et l'existence des semences non OGM. Elle recrée dans les pays européens une collection planétaire de variétés anciennes pour les potagers et jardins et la rend à nouveau accessible aux jardiniers. Cette collection est présentée dans l'ouvrage Semences de Kokopelli.
Basée à Alès, dans le Gard, Kokopelli compte en 2009 5 190 adhérents et propose aux jardiniers plus de 2 000 variétés de semences (plantes et variétés potagères) dont 550 variétés de tomates, 300 variétés de piments doux et forts, 130 variétés de laitues, 150 variétés de courges, 50 variétés d'aubergines, etc.
L'association Kokopelli et son antenne en Belgique distribuent commercialement des semences bio dans toute l'Europe. Ces semences

sont, en revanche, distribuées gratuitement dans les pays du Tiers-Monde pour favoriser la création de banques de semences communautaires et propager des techniques d'agroécologie. Des centaines de communautés rurales de par le monde ont bénéficié de ces dons de semences dont une partie est produite de façon conviviale dans les jardins familiaux des adhérents de Kokopelli. En 2000, Dominique Guillet a étendu son action à l'Inde. A Auroville, il a mis en place le centre de production de semences Annadana. Ce jardin fournit aujourd'hui des semences à des milliers de familles.

■ Pendant un certain nombre d'années, j'ai développé le système des fleurs de Bach, c'est-à-dire des élixirs floraux. Puis je me suis dit que ce n'était pas la peine de travailler sur des médecines alternatives si, au quotidien, les gens mangeaient n'importe quoi !

Donc je suis revenu à l'idée que l'aliment était le premier remède de l'homme. Il y a quinze ans, en réunissant des associations et des laboratoires comme Weleda, on a acheté un domaine de 57 hectares pour libérer des terres de l'emprise de l'agriculture chimique. J'ai pris 20 hectares pour bâtir ce jardin botanique. Comme on était très humanistes (peut-être trop !), on a fait de la réinsertion sociale. Au pic de nos activités, 45 personnes en réinsertion travaillaient sur le jardin. C'étaient des SDF, ou des gens qui sortaient de prison avec parfois quinze ans de pénitencier. Ils venaient de temps en temps avec une carabine dans le coffre ou des poignards, et étaient complètement soûls au whisky à 8 heures du matin. On a fait ça pendant des années, et c'était très dur. Le département de l'Allier nous confiait toute la "lie" de la région, mais refusait de nous aider parce qu'on était trop proches de l'école Steiner-Waldorf qui était considérée à l'époque comme une secte. On n'avait donc pas d'argent pour accompagner la réinsertion sociale et on a fini par couler le jardin botanique de la Mhotte. J'étais président de l'association. On avait pris des emprunts auprès des banques. On a tout perdu, maison y comprise. Mais ce n'est pas grave, ce ne sont que des biens immobiliers…

On a alors commencé à développer Terre de semences, une structure qui produisait des semences bio et biodynamiques et qui les distribuait en France et en Europe. En 1999, après deux années de harcèlement par les pouvoirs publics parce que nous distribuions des variétés non inscrites sur le catalogue national, j'ai fermé Terre de semences. Et c'est là que nous avons créé l'association Kokopelli. Je m'étais dit : Si on passe en mode associatif, peut-être qu'on aura plus de facilité à contourner la loi française qui est tellement scélérate.

Notre association s'est développée en Europe, mais surtout dans le Tiers-Monde, où de très fortes dynamiques de solidarité se sont mises en place. Depuis 1999, Kokopelli distribue à titre gracieux des quantités inouïes de semences à des centaines d'associations ou de communautés rurales sur tous les continents. Il n'y a strictement aucun argent impliqué dans cet envoi de semences dans le Tiers-Monde. Par ailleurs, on forme les paysans et les agronomes à l'autonomie semencière, c'est-à-dire à la reproduction des semences bio d'anciennes variétés.

Jusqu'en 1961, les multinationales de l'agrochimie avaient commencé à prendre le contrôle de la chaîne alimentaire, mais pas de la semence. Or la semence, c'est le début de la chaîne alimentaire. Celui qui contrôle la semence, il contrôle la totalité de la chaîne alimentaire, il contrôle l'humanité. Donc, en 1961, ils se sont donné un cadre juridique qu'on appelle l'UIPOV (Union internationale pour la protection des obtentions végétales). A partir de ce moment-là, il y a eu une offensive tous azimuts : ils ont racheté un millier de semenciers en l'espace de trente ans et aujourd'hui 5 multinationales contrôlent 75 % de la semence potagère planétaire, le numéro un étant Monsanto. Une fois les semenciers rachetés, ils ont éradiqué les anciennes variétés qui se reproduisaient chaque année, et les ont remplacées par des hybrides F1, qui génèrent ce qu'on appelle un marché captif, c'est-à-dire que le paysan est obligé de racheter des semences tous les ans, car une semence d'hybride F1 est soit stérile, soit dégénérescente l'année d'après. Si bien qu'aujourd'hui, dans le catalogue national français du GNIS (Groupement national interprofessionnel des semences), à la rubrique tomates, les hybrides F1 totalisent 99,5 % du catalogue, à la page melons, courgettes, brocolis ou choux, on est parfois à 100 % d'hybrides F1.

Et il est interdit de commercialiser, de cultiver ou de distribuer des semences de toute variété qui ne soit pas inscrite sur cette liste nationale.

Alors les pouvoirs publics disent : Ce catalogue des semences, il est là pour protéger les consommateurs. Notre première question, c'est : pourquoi n'existe-t-il pas un catalogue des camemberts, des chaussettes ou des réfrigérateurs ? Seconde question : est-ce que cela ne serait pas plutôt pour protéger les multinationales, qui ont confisqué la totalité du vivant en Europe ?

Il faut souligner que le GNIS a été créé par le maréchal Pétain en 1941 sous l'Occupation. Pétain a aussi créé le CTPS (Comité technique permanent de la sélection), qui fait la pluie et le beau temps au niveau des semences. Et, puisqu'on parle du maréchal, on peut ajouter qu'il a aussi créé l'ordre des médecins, des pharmaciens et des vétérinaires, et qu'il a supprimé le diplôme de médecin herboriste et de médecin homéopathe.

Il a ainsi offert une autoroute aux terroristes que sont les multinationales de la pétrochimie et de l'agrochimie, et permis qu'ils confisquent le vivant et prennent le pouvoir sur la population, tout simplement. C'est terrifiant. Et à la sortie de la guerre, ni de Gaulle ni les communistes n'ont changé quoi que ce soit à tous ces organismes mis en place par le maréchal Pétain. Et on est encore aujourd'hui sous la coupe de ces pseudo-instituts créés par un collabo et dont on se demande bien quelle est leur constitutionnalité, leur légalité. Ils font la pluie et le beau temps, ce sont des autoproclamés. Et c'est pour cela qu'on nous harcèle depuis quelques années au tribunal : parce que nous distribuons des variétés qui ne sont pas inscrites sur la liste nationale. Nous avons été attaqués par le GNIS, donc le ministère de l'Agriculture, et par la FNPSP (Fédération nationale des professionnels de semences potagères et florales), le lobby des semenciers industriels. On a d'abord gagné, mais le GNIS et le lobby des semenciers ont réattaqué en appel. Là, le procureur de la République a demandé ma relaxe et la présidente s'est retournée contre son procureur et a condamné Kokopelli à 24 000 euros d'amende.

En l'espace de deux ans, on en est à peu près à 90 000 euros de frais judiciaires.

Malgré cela, eh bien, Kokopelli a dans ses clients depuis huit ou dix ans : la mairie de Bordeaux, la mairie de Poitiers, la mairie de Paris, le Muséum d'histoire naturelle, le parc du Lubéron. Ils nous achètent tout un tas de semences. L'an passé nous avons eu une commande du conseil général de la Guadeloupe, de 5 000 euros de tomates et de semences "illégales". Donc c'est un canular. Les plus grands restaurants de Paris, dans lesquels mange toute la bourgeoisie de droite, de gauche ou du centre, ne servent que des tomates anciennes fournies par des maraîchers qui s'approvisionnent en semences chez Kokopelli.

Les gens qui ont goûté à nos anciennes variétés de tomates, tu crois qu'ils ont envie de retourner vers les hybrides de l'agrochimie? Non. Parce que nos tomates, ce sont de vraies tomates, avec du goût.

L'an dernier, on a lancé une campagne qui s'appelle "Robin des semences", parce qu'on s'est aperçu que les supermarchés français distribuaient allègrement des variétés de tomates et de courges strictement réservées à l'usage amateur. Or si les supermarchés les vendent, c'est que des maraîchers professionnels les produisent, ce qui veut dire que ces maraîchers ont accès à des semences en grosses quantités de variétés strictement réservées à l'usage amateur. Carrefour, Auchan et Leclerc seraient-ils au-dessus de la loi française alors que Kokopelli est harcelé au tribunal…?

Pour revenir à l'année 1961, c'est une année clé aussi parce qu'elle marque le début de la révolution verte. Et la révolution verte, elle était verte surtout par la couleur du dollar. Ils ont fait beaucoup de dollars avec la révolution verte.

Mais, pour les gens du Tiers-Monde, c'était terrifiant! Parce que la révolution verte a détruit les sols, l'eau, l'air, la biodiversité. En Inde, des milliers de variétés de riz ont disparu. On a détruit le tissu social indien. L'agriculture indienne était une agriculture féminine qui servait avant tout à nourrir la famille, et on en a fait une agriculture masculine avec des récoltes devenues des marchandises à valoriser sur le marché régional, national ou international.

Avant, dans les rizières, les femmes ramassaient des grenouilles, des poissons, de soi-disant "mauvaises" herbes qui étaient en fait pleines d'oligoéléments et de protéines. Or, sous l'impact des agrotoxiques de la révolution verte, tous les poissons, les grenouilles et les mauvaises herbes ont été éradiqués. Donc toutes les sources de protéines, d'oligoéléments et de vitamines qui étaient naturellement présentes dans les rizières ont disparu. Par ailleurs les fluctuations des prix sur le marché international peuvent très vite ruiner un agriculteur. Si bien qu'un nombre considérable de petits paysans indiens, piégés par ce système, ont déposé le bilan. Et ils se suicident, soit individuellement soit parfois collectivement. Ou alors ils vont s'entasser dans les bidonvilles, ou deviennent journaliers sur leur propre terre, qu'ils ont vendue à Cargill ou aux banques pour rembourser les prêts qu'ils ont contractés afin d'acheter les produits de l'agrochimie et les semences d'OGM ou d'hybrides F1 qui valent très cher. Alors qu'avant, les paysans refaisaient leur propre semence d'année en année.

Donc cette révolution verte, c'est un énorme canular en fait, un désastre total pour tous les pays du Tiers-Monde.

1961, c'était vraiment une année clé car on voit bien qu'il y a eu une concertation sur le plan international pour que le grand capitalisme prenne le contrôle, et de façon institutionnelle, des circuits alimentaires de la planète. Et maintenant la mafia semencière s'aperçoit que c'est un échec total et dit : "Ne vous inquiétez pas, on arrive avec une seconde révolution verte. C'est la révolution des OGM, des transgéniques."

Le cas du maïs est fantastique. A l'origine, c'est une plante résistante à la sécheresse. On a éradiqué les anciennes variétés pour imposer des monstres qui demandent jusqu'à 120 litres d'eau par plant. Mais, comme il n'y a plus d'eau maintenant, l'industrie semencière se présente comme un sauveur en disant qu'elle va créer des variétés de maïs transgéniques qui seront résistantes à la sécheresse. Alors qu'on aurait pu garder nos anciennes variétés intrinsèquement et naturellement peu gourmandes en eau.

Quand j'entends parler de biocarburants, mon sang ne fait qu'un tour. Il faut environ 2 000 litres d'eau pour produire 1 kilo de maïs sec, et 2,5 kilos de maïs pour faire 1 litre d'éthanol. Ça veut dire que, pour 1 litre d'éthanol, il faut 5 000 litres d'eau. Donc j'ai écrit un article qui s'appelle : "Mettez du sang dans votre moteur : la tyrannie des nécro-carburants". Aux Etats-Unis, 40 % du maïs est transformé en éthanol. De ce fait, les cours alimentaires ne cessent d'augmenter. Les tsunamis alimentaires, ce n'est pas dans le futur, c'est aujourd'hui et demain. Ce sont les pauvres du Tiers-Monde qui vont être sur le premier front. Mais rapidement les pauvres des pays occidentaux vont être touchés, ils le sont déjà. On va voir une montée de la précarité, avec des gens incapables de s'acheter le panier alimentaire qu'ils s'achetaient auparavant. Parce que, quand le blé ou le maïs augmentent, le poulet et les produits laitiers suivent puisque 40 % du prix du poulet est indexé sur le maïs qui sert à le nourrir.

Tant que les riches auront des devises pour dépouiller les pauvres de leurs aliments, le système peut encore fonctionner. Mais à un moment donné les pays du Tiers-Monde n'auront même plus de quoi vendre des aliments, surtout si on leur impose une déforestation qui désertifie les terres surexploitées, ou une utilisation des terres à vocation alimentaire pour les "nécro-carburants". En Indonésie par exemple, on veut déforester une vingtaine de millions d'hectares pour y mettre du palmier à huile transgénique afin de faire du biodiesel.

Ce qu'il faut comprendre, c'est la raison pour laquelle la mafia met la main sur la semence. En fait, la nature de la semence génère un certain type d'agriculture. Une semence OGM ou un hybride F1 appellent un "package" technologique, à savoir les pesticides, les herbicides, les fongicides et les fertilisants de synthèse qui sont faits à base de pétrole. On a créé le mythe de la productivité des hybrides F1, mais c'est faux !

Les hybrides F1 sont productifs parce qu'on met beaucoup de chimie dans le terrain – *a contrario* des semences anciennes.

Si Kokopelli est attaqué, c'est parce qu'on distribue des variétés anciennes non inscrites, mais c'est surtout parce qu'on a une vision libertaire de la vie et qu'on veut promouvoir l'autonomie semencière des jardiniers. Car les multinationales comme Monsanto, Limagrain et Syngenta ont confisqué la totalité du vivant. Syngenta par exemple est un des rois de la chimie, cette entreprise est née d'une fusion de Novartis et d'Astra Zeneca – Novartis, qui veut dire "le nouvel art" en latin, étant elle-même une fusion de Ciba-Geigy et de Sandoz, les deux plus grands pollueurs du Rhin. Donc ils se cachent, ils se transforment, ils se concentrent, ils se donnent de jolis noms latins, mais la réalité, elle est putride.

65 % des nappes phréatiques françaises et 95 % des cours d'eau sont pollués par 240 substances qui sont avant tout des produits de l'agriculture. On met les bandits en prison, mais quand est-ce qu'on y mettra aussi les empoisonneurs publics ?

Rachel Carson était une femme géniale, prophétique. Elle ne s'était pas trompée quand, dans *Le Printemps silencieux*, elle avait dénoncé l'impact du DDT et de l'agrochimie. Pourtant sa réputation a été détruite. Par qui? Monsanto, évidemment. C'est Monsanto qui gouverne la planète en ce moment. Ses semences sont partout, au Cambodge, en Thaïlande, en Inde ou en Bolivie. C'est comme la sucrette à l'aspartam, qui semble en grande partie responsable de la maladie d'Alzheimer. Seize fois Monsanto a essayé de faire passer son aspartam à la FDA (Food and Drug Administration), seize fois le directeur de la FDA a dit non. Et, quand Reagan est devenu président des Etats-Unis, il a congédié le directeur de la FDA, qu'il a remplacé par un de ses amis, et l'aspartam est passé.

Les solutions à tout cela, pour nous elles sont tellement simples! Mais on ne veut pas les mettre en place. Ils ont calculé qu'aux Etats-Unis, si on recyclait la totalité de la surface agricole, à savoir 200 millions d'hectares, en agriculture biologique, on annulerait les émissions de CO_2 de la moitié du parc automobile US, et même chose pour la France. Donc ça résoudrait une grande partie de ce fameux réchauffement lié au CO_2, et puis pour l'autre partie il suffirait de diminuer la consommation de viande pour diminuer les émissions de méthane. Et puis, si on diminuait la consommation de viande, on diminuerait l'emprise de la déforestation en Amérique latine, qui est l'un des grands facteurs du soi-disant réchauffement climatique. Donc des solutions il y en a, mais personne ne veut les appliquer.

Quand on voit que la FAO, l'an passé, au congrès d'avril-mai 2007, a annoncé fièrement que l'agriculture biologique pouvait nourrir la totalité de la planète sans endommager l'environnement, ça, nous on le sait bien, mais ils auraient pu le dire il y a vingt-cinq ans, les gens de la FAO. D'ailleurs j'avais interpellé Mme Lagarde, la ministre de l'Agriculture, en lui disant: Si la FAO a raison, il faut passer en agriculture biologique et, si la FAO a tort, alors arrêtons de financer ces allumés qui osent prétendre que la planète pourrait être nourrie seulement avec l'agriculture biologique!

Depuis deux ans, que ce soit aux Etats-Unis, au Canada ou dans la plupart des pays d'Europe, les abeilles disparaissent. Tout d'un coup, les ruchers se vident, et il ne reste que la reine avec un peu de couvain et aucun cadavre. C'est un mystère total. L'an dernier, les apiculteurs ont perdu 30 %

de leurs ruches sur la côte est des Etats-Unis, 30 % dans le Sud, et 70 % sur la côte ouest. En Espagne, en Italie, en Pologne, en Autriche, en Allemagne et en Suisse, certains apiculteurs ont perdu jusqu'à 60 ou 80 % de leurs colonies. Si nous continuons à être confrontés à ce syndrome, il n'y aura plus d'abeilles. Or les abeilles pollinisent 40 % des productions de la planète. Qui dit pas d'abeilles dit pas de fruitiers, pas d'amandes, pas de pommes, de cerises, de pêches, de courges, de concombres, pas de luzerne, pas de colza… La cause de cette éradication des abeilles est sans doute multifactorielle: les pesticides (le Gaucho, le Regent et le Cruiser qui vient d'être implanté sur le marché) et les OGM d'une part, mais par ailleurs, aux Etats-Unis, on s'est aperçu que la majorité des substances dont on nourrit les abeilles sont issues de plantes transgéniques. De plus, en Europe comme aux Etats-Unis, on transporte les abeilles. Evidemment, aux Etats-Unis le phénomène est plus patent parce que les agriculteurs ont besoin de 1 300 000 ruches pendant cinq semaines pour polliniser les amandiers de Californie, donc les ruches arrivent de tous les Etats-Unis. A tout cela vient peut-être se greffer la pollution électromagnétique. Les tours de téléphonie mobile actuelles sont trois fois plus puissantes que celles de la première génération. S'ajoute enfin à cela un paramètre génétique. Normalement, dans une ruche, au moment du vol nuptial, la reine est prise par une quarantaine de bourdons en trois jours. Mais maintenant, c'est fini. Les reines sont inséminées artificiellement en laboratoire. Et aux Etats-Unis, selon les experts du ministère de l'Agriculture, la génétique des abeilles serait circonscrite à 100 ou 200 reines mères à partir desquelles on fait toutes les reines qui vont être utilisées dans les ruchers du pays. Donc la base génétique des reines devient d'une pauvreté épouvantable! Mon sentiment, c'est que les abeilles sont en train d'abandonner l'humanité. Or l'abeille, c'est tout: la pollinisation, le miel, le pollen, la propolis… Si l'humanité perdait l'abeille, au bout de quatre ans, elle disparaîtrait de la planète.

De même, la base génétique de l'alimentation humaine se rétrécit puisque ce sont une vingtaine d'espèces qui fournissent 95 % des calories de la planète, parmi lesquelles le blé, le maïs, le manioc, la pomme de terre et la banane. Alors qu'il existe potentiellement des milliers d'espèces avec lesquelles on pourrait se nourrir. Mais elles sont interdites, ou éradiquées par la chimie, l'urbanisation ou les autoroutes. Et ceux qui empoisonnent l'humanité avec les pesticides et leur alimentation frelatée sont justement ceux qui vendent des compléments alimentaires et de soi-disant médicaments.

A mon avis, il n'y a aucune solution à l'échelle globale. Les gens vont mourir parce qu'il n'y aura pas suffisamment à manger pour tout le monde. C'est pour cela que, depuis le début, l'association Kokopelli promeut le jardinage familial. On se bat pour l'autonomie semencière et l'autonomie potagère. D'un jardinet, on peut sortir des légumes toute l'année. Pendant l'hiver, on peut avoir des poireaux, des radis, des côtes de bettes, des brocolis, des choux, des laitues et des chicorées qui résistent à −25 °C. Mais maintenant les gens poussent leurs caddies dans les supermarchés. On est une civilisation de pousse-caddies.

Cela dit, les consommateurs en ont tout de même assez de manger de la crotte.

Avec l'agriculture biologique, on pourrait nourrir beaucoup de monde, et Pierre Rabhi dit souvent que l'Ethiopie bien gérée peut nourrir toute l'Afrique, qui est un continent sous-peuplé. En Inde, on nourrit 20 personnes par hectare.

Il y a des jours où je me dis : Ils peuvent détruire notre association, ils ne détruiront pas l'esprit de Kokopelli. Depuis quinze ans, on a essaimé nos semences dans toute l'Europe. Des milliers et des milliers de jardiniers font maintenant leurs semences. On en est à la huitième édition de mon livre, ce qui veut dire que 35 000 exemplaires se promènent dans la nature. Et c'est avant tout un manuel de production de semences, dans lequel j'explique comment être autonome pour pouvoir dire non à la mafia.

Parce que la meilleure façon de lutter contre l'agrochimie, c'est de s'en passer.

La meilleure façon de lutter contre la société, c'est d'arrêter de consommer et d'aller au supermarché. En quarante-huit heures de boycott, le système s'écroule. C'est d'une telle simplicité… Cependant, je pense que la non-consommation ne viendra pas du cœur de l'individu mais de la pénurie. Et on n'en est pas loin.

Stéphane Fayon

RECETTES FACILES POUR L'AGROÉCOLOGIE CHEZ SOI OU DANS LES CHAMPS, EXPÉRIENCES D'INDE

Responsable de l'antenne de Kokopelli en Inde (Annadana) depuis dix ans. Stéphane Fayon a rejoint la cité internationale d'Auroville* à l'âge de 25 ans, attiré par l'idéal d'unité humaine, le style de vie éco-alternatif et le "yoga du travail", notion développée par le yogi et visionnaire hindou Sri Aurobindo. Depuis dix années, Annadana, situé au jardin botanique d'Auroville, a développé deux lignes d'expertise, la sélection et production de semences potagères favorisant l'autonomie semencière des paysans ainsi que les systèmes et techniques agroécologiques. Annadana met en place de nombreux programmes, distribue 15 000 sachets de semences par an, forme des centaines de paysans et techniciens, et offre ses services de consultation technique à d'autres institutions. En particulier, en 2005, Stéphane a piloté un programme de réhabilitation biologique des rizières affectées par le tsunami (200 hectares), financé par la Croix-Rouge française et géré par l'ONG Enfants du Monde; en 2006, Annadana a établi un projet-pilote de production de semences pour une ferme de recherche du gouvernement indien; en 2008, Annadana a effectué trois missions pour la Croix-Rouge française, sur un programme d'urgence au Laos (1 000 hectares de rizières); en 2009, Annadana a conduit une mission d'évaluation au Népal, pour la création de l'antenne de Kokopelli au Népal (Kokopelli Himalaya).

Aujourd'hui, Stéphane entend étendre son action en Asie, au bénéfice des dernières populations autonomes et des minorités ethniques et tribales, dont les systèmes de subsistance durables et ancestraux, d'une valeur inestimable, sont menacés par l'agriculture moderne, chimique et réductionniste.

---

* La fondation d'Auroville est encouragée par le ministère indien des Ressources humaines et du Développement et l'Unesco, rassemble plus de 2 000 personnes de 45 nationalités différentes et est notamment reconnue pour ses innovations, ses recherches appliquées, ses technologies alternatives, durables, intégrant l'homme et l'environnement.

■ Je suis directeur de l'antenne Kokopelli en Inde. J'ai passé beaucoup de temps à développer des techniques d'agroécologie durables et à haut rendement, à l'usage des populations défavorisées. Sur toutes nos cultures de riz et de légumes, nous faisons une culture de biomasse, c'est-à-dire d'engrais verts. Dans les terrains argileux des rizières, on arrive à produire jusqu'à 10 ou 12 tonnes de biomasse en 45 jours, ce qui est énorme. Ensuite, on la coupe et on l'intègre dans le champ. En quelques semaines, toutes les racines qui avaient ameubli le sol en profondeur se décomposent. Elles sont digérées par le sol, qui commence à être plus noir, plus riche en matières organiques, et qui apporte 40 à 50 % des nutriments nécessaires à la prochaine culture. On asperge alors le champ avec des préparations à base de microbes, qui vont accélérer la décomposition des engrais verts, et que nous n'achetons pas à des compagnies mais préparons nous-mêmes.

On promeut avant tout le *panchakavia*, qui veut dire "les cinq produits de la vache" en langage local. C'est une préparation très simple à base de bouse de vache, d'urine, de beurre clarifié, de lait, de yaourt, ainsi que de lait de coco, de bananes et de sucre – des éléments que les fermiers ont tous chez eux. Cette recette provient de textes sanscrits très anciens et a été retrouvée il y a huit ans. Il faut d'abord mélanger la bouse de vache au beurre clarifié. Ensuite on ajoute l'urine de vache, le yaourt, le lait puis de la mélasse de canne à sucre. On rajoute du sucre de banane et de noix de coco qu'on mélange au tout. Et c'est prêt! Dans la recette d'origine, on n'utilise que les cinq produits de la vache. Mais on a rajouté des ingrédients sucrés parce que le sucre accélère la multiplication des microbes. Il faut attendre trois semaines pour verser le *panchakavia* sur les plantes. On le remue une minute le matin et une minute le soir. Il peut se conserver jusqu'à six mois. Ensuite, pour les cultures, on le dilue de 3 à 10 %, 10 % correspondant à une application pour le sol.

On utilise aussi beaucoup le compost et les engrais verts. Ce qui est important, c'est avant tout la santé des sols. A partir du moment où un sol est sain et riche, les plantes se portent bien, ont assez de nutriments pour se développer et sont moins attaquées par les insectes. Malgré ça, on a quand même développé un arsenal de pesticides naturels, aussi pour rassurer les fermiers qui adorent asperger leurs cultures. Nous les fabriquons à partir

de plantes locales. Contrairement aux pesticides conventionnels, le résultat n'est pas immédiat. Les agrotoxiques sont des poisons et font donc mourir les insectes tout de suite par milliers. Les biopesticides agissent à plus long terme, plus doucement, en régularisant les populations en excès et en agissant sur leur système de reproduction. On a par exemple une préparation à base de piment, de gingembre et d'ail, qui est très forte et qu'on utilise à petites doses. Elle agit très rapidement sur les insectes qui mangent les feuilles. Les solutions pour une agriculture biologique durable, elles sont là, dans les plantes. Il y a des centaines de solutions, des centaines de recettes. Et je ne dis pas ça par idéalisme. Je travaille avec des fermiers qui vivent en dessous du seuil de pauvreté, qui ont vraiment besoin d'un bon rendement pour gagner quelques dizaines d'euros par mois. Avec eux, on ne peut pas se permettre d'être dans l'idéal.

Nous utilisons aussi des stimulants organiques de croissance, qui aident les engrais verts et les composts à se décomposer. Ils font partie intégrante de notre système pendant toute la croissance de la plante. De même qu'en agriculture conventionnelle, les fermiers ajoutent du NPK (azote, phosphore, potassium), de même lorsque les plantules de légumes ou de riz poussent, nous aspergeons les cultures tous les 15-20 jours avec des stimulants de croissance, c'est-à-dire des populations de microbes.

Les haies sont aussi une source de biomasse essentielle. Sur tous nos projets, nous plantons systématiquement des haies que nous coupons une ou deux fois par an. Ces feuilles repartent dans les planches de culture. C'est un compostage *in situ*, on n'a pas besoin de faire le compost à l'extérieur, de le ramener et de le mélanger. Ça se fait tout seul. On met beaucoup de feuillages différents. Par exemple du *Pongamia pinnata* ou du *Vitex negundo*, deux arbres à valeur insecticide, ou du *Morinda coriera*, au feuillage très riche en protéines. Nous nourrissons vraiment nos sols.

Ce que je découvre au fur et à mesure des années, c'est que l'agriculture biologique peut être qualifiée d'agriculture à haut rendement. Elle peut même atteindre des rendements supérieurs à l'agriculture conventionnelle. Après notre première année de culture, nous avons observé une augmentation de 20 % de nos rendements. La deuxième année, nous avons encore enregistré 20 % de hausse par rapport à la première année. Les fermiers eux-mêmes n'en reviennent pas. Nous sommes passés de 13-15 sacs de riz par acre à 27-28 sacs en moyenne. Certains fermiers sont même montés à 35 sacs. On s'approche de la moyenne nationale, avec des terrains peu fertiles.

Depuis dix ou quinze ans, sur toute la planète, les rendements diminuent malgré les fertilisants et les OGM. Pourquoi ? Parce qu'après cinquante ans d'agriculture chimique, les sols sont morts. Il n'y a plus de microbes, plus de biomasse. Les plantes sont affaiblies. On n'est plus capables d'augmenter les rendements mondiaux, mais notre petit projet, dès sa première année, l'a fait. Il serait peut-être temps de changer de façon de penser…

L'objectif n'est pas de prêcher la bonne parole, mais d'apporter des solutions concrètes aux fermiers. On ne peut pas demander à des fermiers qui sont sous le seuil de pauvreté et qui ont quarante ans d'agriculture chimique derrière eux de se convertir à l'agriculture biologique parce que c'est mieux pour les consommateurs, l'eau et l'environnement. On ne peut pas non plus, alors qu'on a une agriculture conventionnelle subventionnée, demander à des fermiers de passer à l'agriculture biologique par leurs propres moyens. Il faut les aider. Et c'est ce que nous faisons en leur fournissant avant tout des semences. Cette année, dans nos jardins, nous cultivons 22 sortes de tomates, des rouges, des orange, quelques noires, des tomates cerises. Nous produisons 6 sortes de maïs, blanc, rouge, multicolore, pourpre. Nous faisons 8 ou 9 sortes d'aubergines, soit à peu près 85 variétés sur 14 espèces, avec lesquelles nous produisons 15 000 sachets de semences contenant entre 200 et 2 000 graines par sachet selon les semences, que nous distribuons gratuitement à des fermiers, à des associations, à des ONG ou à des instituts de recherche. Notre objectif, c'est de donner aux fermiers des semences qu'ils puissent reproduire dans leurs champs, et qui aient suffisamment de rendement pour supplanter les hybrides.

En plus des semences, nous leur montrons les techniques des engrais verts, du compost et des préparations de microbes. Nous subventionnons aussi le repiquage au cordeau, qui améliore les rendements. Les biopesticides sont faits à partir de plantes locales. 2 400 espèces de plantes en Inde ont des propriétés insecticides naturelles. Nous extrayons ces principes actifs d'une façon très simple, par pilonnage, macération, décantation ou fermentation selon les cas. Donc nous obtenons ces résultats sans technologie importée d'Occident, mais par le sens du terroir et une compréhension des forces de la nature présents chez n'importe quel bon fermier proche de son environnement.

Vandana Shiva

RÉINVENTER LA DÉMOCRATIE

Physicienne et épistémologue, diplômée en philosophie des sciences, Vandana Shiva est l'une des chefs de file des écologistes de terrain et des altermondialistes au niveau mondial. Elle milite notamment pour la défense de l'agriculture paysanne et biologique contre la politique d'expansion sans limite des multinationales agroalimentaires et les effets pervers du génie génétique. Elle lutte contre le brevetage du vivant et la biopiraterie, c'est-à-dire l'appropriation par les firmes agrochimiques transnationales des ressources universelles, notamment des semences.
Dès les années 1980, elle a été très active dans le Narmada Bachao Andolan (mouvement Sauvons le Narmada) qui s'oppose à la construction d'énormes barrages sur la rivière Narmada car ils bouleversent les écosystèmes et imposent à des millions de paysans pauvres de quitter leurs terres.
Vandana Shiva a fondé Navdanya, association qui œuvre pour la conservation de la biodiversité et la protection des droits des fermiers.
La ferme de Navdanya est une banque de semences modèle, qui a permis à plus de 10 000 fermiers d'Inde, du Pakistan, du Tibet, du Népal et du Bangladesh de redécouvrir l'agriculture "organique".
Elle est aujourd'hui à la tête de la Commission internationale pour l'avenir de l'alimentation et de l'agriculture.
Parfois qualifiée de "José Bové en sari", elle partage avec ce dernier de nombreux combats et a témoigné à plusieurs reprises en sa faveur, notamment lors du procès de Millau.
Pour relayer son engagement, elle a publié de nombreux ouvrages, comme Ethique et agro-industrie : main basse sur la vie, Le Terrorisme alimentaire, La Biopiraterie ou le Pillage de la nature et de la connaissance *et aborde la préoccupante question de l'eau dans* La Guerre de l'eau : privatisation, pollution et profit *en 2003. L'année suivante, elle reprend le combat avec* La vie n'est pas une marchandise : les dérives des droits de propriété intellectuelle.
En 1993, Vandana Shiva a reçu le "Right Livelihood Award", communément appelé "le prix Nobel alternatif".

■ La révolution verte a reçu le prix Nobel de la paix sous le prétexte que les nouvelles technologies en chimie allaient apporter la prospérité, et que la prospérité apporterait la paix. Cela s'est appelé la révolution verte, par opposition à la révolution rouge qui se répandait, venant de Chine. Et les Américains se sont dit : "Diffusez des produits chimiques et vous éviterez le communisme." C'était littéralement leur image : produits chimiques contre communisme. Malheureusement, ces produits coûtaient cher et nuisaient à l'environnement. Tout cela s'est révélé au bout de dix ans, si bien qu'au lieu d'être en paix et de profiter de la prospérité, les jeunes ont connu une nouvelle pauvreté et manifesté un nouveau mécontentement, une nouvelle colère, et ont pris les armes. Un événement d'une extrême violence s'est produit dans la ville de Bhopal : une fuite dans l'usine de pesticides Union Carbide a provoqué la mort de 30 000 personnes, dont 3 000 en une seule nuit. Des pesticides qui tuent, des engrais chimiques qui endettent les gens, lesquels se mettent en colère et veulent tuer à leur tour. C'est une économie du meurtre. Et depuis c'est même devenu une économie du suicide parce qu'après la répression très violente par les forces militaires contre les insurgés dans le Punjab, on ne pouvait plus prendre son fusil et tirer sur le monde extérieur, alors les agriculteurs ont commencé à boire les pesticides et à mettre fin à leurs jours. La violence ne s'est pas arrêtée, la colère ne s'est pas dissipée, l'échec ne s'est pas transformé en succès mais à présent la colère s'est retournée contre les agriculteurs.

Au cours de la dernière décennie, à cause de cette forme d'agriculture, nous avons perdu 200 000 agriculteurs qui se sont suicidés. J'appelle cela une économie suicidaire. Elle est suicidaire pour l'espèce humaine : nous sommes en train de détruire la planète sur laquelle nous vivons. Elle est suicidaire parce que l'agriculture chimique, industrielle et globalisée est à l'origine de 25 % des émissions de gaz à effet de serre qui perturbent le climat. Elle est suicidaire parce qu'elle détruit les réserves d'eau. L'agriculture chimique nécessite 10 fois plus d'eau que l'agriculture écologique. On est en train de détruire la biodiversité. L'agriculture industrielle a réduit notre alimentation de base à 5 ou 6 plantes alors qu'autrefois nous consommions 1 500 plantes différentes. L'agriculteur moyen en Inde cultivait 250 espèces. C'est une nouvelle pauvreté. On dévitalise les sols, et ensuite les agriculteurs se suicident. A tous les niveaux c'est donc une agriculture suicidaire.

Aucune autre espèce n'a été aussi stupide que l'espèce humaine qui a supprimé sciemment ses propres ressources alimentaires tout en pensant que c'était faire preuve d'intelligence. C'est une fausse intelligence, une intelligence que je qualifierais de machiste, qui découle de l'idéal de domination sur la nature, qui veut faire table rase de tout notre savoir ancestral sous prétexte qu'il nous vient de nos mères et de nos grands-mères, et qui pousse les hommes à agir comme des crétins en se croyant super-malins parce qu'ils font le contraire de ce qu'elles ont toujours fait. L'agriculture n'est pas un phénomène moderne, elle vient de la nuit des temps, et depuis toujours ce sont les femmes qui ont inventé les innovations permettant aux êtres humains de se nourrir. Ce savoir tout entier est mis en péril.

Les pesticides et les engrais proviennent de la guerre. La conception de l'agriculture comme une guerre contre la planète vient de la guerre. Tout cela doit être rejeté comme une aberration du siècle dernier. Nous devons commencer ce siècle en renouant avec l'ancienne sagesse qui nous enseignait comment vivre en accord avec la terre.

Nous devons passer de la monoculture à la biodiversité, un système où beaucoup d'espèces poussent en même temps et s'intègrent au milieu des arbres et des animaux.

La diversité, c'est la solution et elle va de pair avec les connaissances indigènes. Vous pouvez faire venir d'un laboratoire le scientifique le plus brillant, il ne connaîtra que les cellules de telle ou telle plante, pas la plante elle-même. Nous avons besoin du savoir de nos grands-mères qui connaissaient chaque plante et toutes ses propriétés, ses caractéristiques. C'est pourquoi j'ai fondé, dans notre ferme, une université de grands-mères pour que ce savoir, cette tradition ne se perdent pas.

Le rendement en polyculture est bien meilleur qu'avec la monoculture industrielle, et pourtant on continue à répandre le mythe que la monoculture produit plus. La monoculture produit plus de marchandises et d'argent. Mais la nourriture n'est pas une marchandise. La nourriture, c'est ce qui fait vivre nos corps et la terre.

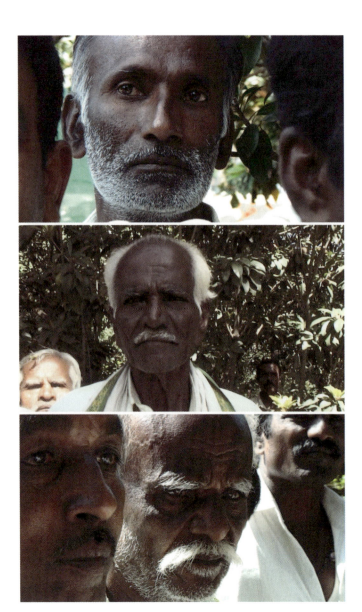

Une autre absurdité du système contemporain, c'est le développement à outrance de la production de marchandises. En fait, plus on produit de marchandises, plus les gens meurent de faim. 1 milliard de personnes dans le monde ont faim parce que les marchandises alimentent des fermes-usines et que la majeure partie des céréales va maintenant aux animaux. Et maintenant, on va voir de plus en plus de céréales alimenter les voitures, car les biocarburants et agrocarburants se répandent. Bien sûr, sur l'échelle des valeurs marchandes, la voiture est au sommet, la ferme-usine vient en second, et les humains en dernier. Quand l'alimentation est gérée comme s'il s'agissait d'une marchandise, les gens meurent de faim et les voitures roulent avec des aliments dans leur moteur.

Par conséquent, on ne peut pas se permettre de considérer l'alimentation comme une marchandise. Il faut la considérer comme de la nourriture, un point c'est tout. La plus belle des activités pour mener une bonne vie, c'est de faire pousser et de donner aux gens de la nourriture saine. Nous devons faire la différence entre la bonne et la mauvaise nourriture. Le marché ne fait pas de différence et c'est pourquoi on nous vend des aliments génétiquement modifiés, du sucre synthétique par exemple, comme le sirop de maïs à haute teneur en fructose et toute sorte d'aliments falsifiés dont notre corps ressent bien qu'ils sont dénaturés. Et de nouvelles maladies apparaissent comme l'obésité ou le diabète. Et nous, êtres humains, on ne sait plus faire la différence entre la bonne et la mauvaise nourriture. D'ailleurs on est en train de faire disparaître la bonne nourriture. Ce lien entre le champ et l'assiette, qui permet que les bons aliments parviennent dans toutes les cuisines, c'est la réinvention de la démocratie. Tant que nous n'aurons pas ce lien, nous ne saurons pas ce que nous mangeons, et on nous obligera à manger ce que les êtres humains ne devraient pas manger, ce que n'importe quelle espèce intelligente ne devrait pas manger. A propos des OGM, j'ai lu et relu des rapports disant qu'on peut peut-être forcer les humains à manger des aliments génétiquement modifiés, mais que le bétail lui n'en broutera jamais et que, s'il le faisait par mégarde, il mourrait, comme dans le cas de l'Andhra Pradesh où 1 800 moutons et chèvres sont morts après avoir brouté un champ de coton BT (le coton OGM).

Le système agricole actuel a voulu nous faire croire qu'on pouvait faire de l'agriculture sans fermiers, que le dernier agriculteur pouvait être chassé de ses terres, que l'agriculture familiale pouvait être écrasée, et que l'agrobusiness pouvait tout accaparer. L'agro-business ne fait pas de l'agriculture, il paie des machines et des produits chimiques pour faire pousser les cultures, il agresse la terre et la planète, et en plus ce système extrêmement coûteux ne fonctionne que parce qu'il vole les 400 milliards de dollars de subventions dans les poches des contribuables. En fait, cette agriculture soumet la nourriture au contrôle de ceux qui se fichent complètement de la planète, et n'ont d'intérêt que pour leurs profits. Ils ne peuvent travailler qu'avec une agriculture frauduleuse dont le coût de production est très élevé et qui vend les produits à très bas prix. Imaginez un système où l'on dépense 10 000 dollars pour produire une voiture que l'on vend ensuite 4 000 dollars ? Ça n'existe pas, ça ne pourrait pas marcher ! Et pourtant c'est comme cela que fonctionne l'agriculture, parce que notre argent sert à falsifier le système alimentaire. Il nous faut un système alimentaire honnête, qui dise la vérité, et jamais nous ne l'aurons tant que les entreprises en garderont le contrôle. Nous devons nous réapproprier notre nourriture. C'est pourquoi je parle de la souveraineté alimentaire et de la démocratie alimentaire comme de la démocratie ultime qu'il nous faut réinventer. Si nous échouons, non seulement nous n'aurons pas de liberté mais nous n'aurons pas de pain.

Ceux qui sont en train de mettre en place chacune des étapes du contrôle de la chaîne alimentaire savent très bien ce qu'ils font. Pour eux, l'élimination des petits agriculteurs est parfaitement intentionnelle. Les Nations unies ont défini le génocide comme la "volonté délibérée de blesser physiquement ou d'exterminer un groupe de personnes". Ce que l'on a fait aux agriculteurs dans le monde est bien une volonté délibérée de les blesser et de les faire disparaître. C'est le plus grand génocide de l'histoire humaine ! Et, bien sûr, c'est aussi un génocide des femmes parce que l'alimentation était le dernier domaine où les femmes avaient le pouvoir. Les femmes stockaient les semences, préparaient les repas, distribuaient la nourriture et, quand les femmes ont le pouvoir, la société est libre, la société est protégée.

La violence contre les femmes a énormément augmenté. La marchandisation de la société a engendré une nouvelle violence contre les femmes parce qu'elles sont maintenant évaluées comme des marchandises, et comme marchandises elles n'ont aucune valeur! Comme piliers de la société elles ont une valeur. Les pires formes de violence ont lieu dans les Etats les plus prospères, ce qui prouve bien que le mode de développement moderne ne garantit en rien l'émancipation des femmes. En réalité, ce mode de développement repose sur les pires formes du patriarcat, et les formes actuelles du patriarcat, quand elles sont associées aux formes anciennes du patriarcat, produisent un super-virus patriarcal dont l'expression la plus horrible est le meurtre des filles avant leur naissance. Le fœticide féminin en Inde a fait disparaître 35 millions de petites filles, il est extrêmement répandu dans la capitale, Delhi, dans le Punjab, terre de la révolution verte, dans le Haryana, dans les Etats les plus prospères sur le plan financier. Quand une espèce ne se pense pas comme espèce, mais comme un corpus où "tout a un prix", il est tout à fait logique d'arriver à ce genre de slogan en faveur du fœticide féminin : "Dépensez 5 000 roupies aujourd'hui pour une échographie qui vous dira le sexe de votre enfant, ce qui vous économisera 500 000 roupies de dot demain." Et c'est aussi une nouvelle maladie liée à la marchandisation de la société qui pousse les gens à vouloir à tout prix un poste de télévision, un réfrigérateur, une voiture, même si leurs revenus ne le leur permettent pas. Un nouvel idéal consumériste dirige la société et ce consumérisme est devenu l'ennemi des femmes. La coutume de la dot telle qu'elle est pratiquée maintenant n'existait pas en Inde autrefois. Et dans une grande partie du pays la dot n'existait même pas du tout, c'était plutôt l'inverse qui se passait : on donnait de l'argent à la jeune femme qui se mariait. Par exemple dans la région d'où je viens, en montagne, il y avait un "prix de la mariée". La mariée recevait de l'argent, parce que l'on reconnaissait que les femmes étaient les piliers de la société, et qu'on avait de la gratitude envers ceux qui donnaient leur fille à une autre famille. Ce qu'on donnait à la femme quand elle quittait sa maison natale, c'était en général une vache, des casseroles en cuivre qui duraient toute une vie, et des bijoux en or qu'elle pouvait vendre dans les moments difficiles. Mais c'étaient les biens de la femme, ils lui appartenaient en propre. Aujourd'hui, la dot sert à consommer, à acheter une voiture, une télévision, un réfrigérateur. La consommation est une maladie sociale et la violence qu'elle engendre est aussi une maladie sociale. Aujourd'hui, quand quelqu'un s'achète une nouvelle voiture, on lui fait une fête, il faudrait au contraire qu'on le condamne et le traite comme on traite les auteurs de délits et qu'au lieu de lui témoigner plus de respect pour cet achat, on soit indigné contre lui parce qu'il va maintenant détruire encore plus l'atmosphère, voler de l'espace dans la ville, et tuer des gens sur les routes.

Ces attaques contre le système alimentaire, contre les femmes et les paysans sont les derniers assauts du pouvoir pour contrôler le destin de l'humanité, de la planète et de ses ressources, y compris le sol.

Notre gouvernement a été très habilement utilisé par les multinationales pour détruire les petits paysans, tout comme l'a été le gouvernement des Etats-Unis qui est totalement inféodé à ces groupes.

L'an dernier j'en ai eu assez de l'inaction du gouvernement, j'ai initié une campagne dans les régions où les suicides étaient nombreux. Nous avons commencé par des choses simples qui permettent aux agriculteurs de survivre : leur donner des semences, les former à l'agriculture biologique et leur garantir un prix juste et honnête pour ce qu'ils produisaient. En l'espace d'une saison, 5 villages ont pu ainsi abandonner les semences génétiquement modifiées de Monsanto. Pourquoi les gouvernements ne font-ils pas la même chose, au lieu de laisser mourir 200 000 fermiers ? En fait ils sont complices de ce génocide, et ils dépensent plus d'argent pour assurer la distribution des produits chimiques et des semences hybrides et mettre les fermiers dans un état de profonde désespérance que pour empêcher ces crimes.

Un autre domaine où le gouvernement est complice du génocide, c'est l'expropriation forcée des terres des agriculteurs pour y faire des usines, des autoroutes, des agglomérations. Ce génocide a déjà suscité de nombreux conflits dans ce pays et nous voyons se profiler des guerres pour la terre.

La révolution culturelle dont nous avons besoin, c'est la réactivation de l'éthique de la terre car, quand on pense à la terre, on pense aux limites. La terre donne une certaine quantité de choses, nous lui sommes reconnaissants de son abondance, mais on ne peut pas imaginer qu'elle produise ainsi sans limites.

Soit vous avez une société de consommation où vous ne faites que consommer sans trouver de satisfaction, soit vous limitez votre consommation matérielle, en accord avec votre bien-être, pour une célébration de la vie au sens large, à travers la culture, les fêtes, la communauté. Je pense que cette révolution est en cours, même si elle n'est pas encore visible. Les médias et les gouvernements sont sous l'emprise de la culture de la consommation, mais la population se rend bien compte que quelque chose cloche dans l'organisation actuelle de l'économie et de la société. Il faut continuer à construire le mouvement sur ce mécontentement, et par le biais du quotidien, par l'alimentation.

Le boycott, c'est crucial. Sans le boycott, nous n'aurions jamais connu la liberté. Il faut boycotter et en même temps présenter des alternatives, c'est pourquoi, avec mon association Navdanya, nous avons organisé le boycott des semences d'OGM et des produits chimiques dans à peu près 7 000 villages qui travaillent avec nous. Dans ces villages, les grandes entreprises n'ont plus le droit d'entrer, boycott total.

Quant au mouvement officiel en faveur des produits biologiques, si cela devient un marché du bio, il n'y a aucune différence entre le commerce des produits biologiques et l'industrie agroalimentaire classique. Les systèmes officiels de certification du bio nécessitent une bureaucratie lourde et coûteuse. L'écologie n'a pas besoin de bureaucratie. Le mouvement biologique doit être un mouvement de commercialisation directe, au niveau local. On connaît ainsi très bien personnellement l'agriculteur, on sait d'où viennent les produits et on peut les acheter sans crainte, comme cela se passe dans les AMAP en France.

Je crois que le mouvement de préservation des semences, de l'agriculture écologique, qui met les petits paysans au cœur de l'agriculture, et qui défend leur droit à la terre, est un mouvement qui doit prendre de l'ampleur, devenir beaucoup plus puissant. La graine a toujours été pour moi une source d'inspiration, un exemple : elle est toute petite et soudain elle se multiplie à des millions d'exemplaires. La seule chose à faire, c'est de la protéger, de la sauvegarder, de la partager. C'est comme cela que ce mouvement se développe, c'est comme cela qu'il va s'étendre. Si ce mouvement ne se développe pas, l'Inde est finie !

LA FERME DE DERADOUN NAVDANYA

Les semences que l'industrie donne aux agriculteurs sont très dangereuses. Les cultivateurs de coton BT ont beaucoup de problèmes de peau quand ils arrachent les mauvaises herbes et qu'ils fauchent. Même les enfants en ont. Et ces semences polluent aussi les eaux souterraines, tuent les insectes et les micro-organismes qui contribuent à la fertilisation du sol. On assiste ces jours-ci en Inde à ce que je n'avais jamais vu dans ma jeunesse et mon enfance : des crises cardiaques et des cancers dus à l'alimentation et à la pollution.

Aussi essayons-nous d'introduire de bonnes semences dans l'agriculture.

D'abord, nous commençons par dire aux agriculteurs : "La terre n'est pas mauvaise, il vous suffit de choisir le type de culture qui correspond à votre terre et à vos conditions climatiques." Sous les arbres, vous pouvez cultiver plusieurs choses, du gingembre et des plantes médicinales utiles. En les vendant, vous gagnez un peu d'argent en plus. Nous multiplions nos semences nous-mêmes. Quand les agriculteurs viennent nous voir, ils choisissent leurs cultures, commandent les semences que nous sélectionnons pour l'année suivante et que nous multiplions sur des vastes superficies pour pouvoir fournir les graines. Les sections de stockage et de multiplication sont séparées.

Ce champ a moins de 4 000 mètres carrés et celui-ci est de taille similaire. Ici, nous cultivons des espèces variées, c'est "la ferme modèle", et là-bas nous faisons de la monoculture, une seule variété de blé, de riz, ou de quoi que ce soit d'autre. Nous voulons faire comprendre aux agriculteurs que, s'ils ont 6 membres dans leur famille, ils peuvent les nourrir avec moins de 200 mètres carrés à condition de cultiver des espèces variées. Si vous ne faites que de la monoculture, vous n'aurez qu'un produit. Si l'on ne cultive que du blé et qu'on obtient un rendement de 400 kilos, on ne gagne que 4 000 roupies. Mais ici, dans cette ferme, on cultive des petits pois, des radis, des pois chiches, de la moutarde, de l'avoine, des légumes, de l'oignon, de l'ail, du safran, des lentilles… Cette ferme diversifiée donne un peu moins de blé mais, avec les cultures supplémentaires qui rapportent, vous tirez du même terrain 16 000 à 17 000 roupies.

Et il n'y a pas de problème de prix du marché mondial parce que ces produits peuvent se vendre localement en petite quantité, on n'a pas besoin de les expédier ailleurs. La commercialisation ne pose aucun problème pour le genre de choses que nous cultivons, comme les oignons. Dans la cuisine indienne, on mange des oignons à tous les repas, alors tous les voisins vont venir en acheter. Quant aux pois chiches, on peut les vendre frais mais aussi secs. Nous examinons toutes les données : combien donne ce terrain, combien nous gagnons, quelle somme nous investissons pour ce travail, quel volume d'eau nous utilisons en monoculture, parce qu'ici nous n'avons pas besoin d'eau. Dans cette ferme modèle, nos principales cultures sont des cultures en terre sèche. C'est aussi ce que nous enseignons aux agriculteurs. Généralement, les agriculteurs brûlent leur biomasse. On leur dit : "Ne brûlez pas votre biomasse, répandez-la dans les champs. Si vous ne voulez pas en faire du compost, épandez-la dans votre champ. Vous conserverez l'humidité plus longtemps, vous réduirez aussi les mauvaises herbes pour la prochaine fois et vous obtiendrez des engrais naturels sans rien faire."

Il existe dans la région 400 variétés de riz. Dans notre banque de semences, tous les noms sont écrits en hindi pour que les agriculteurs puissent lire les noms et choisir les variétés qui leur conviennent. Nous mettons les semences dans des bouteilles pour que les visiteurs puissent les voir dans le hall. Nous n'ouvrons pas souvent le lieu de stockage des semences parce que tous les jours on vient visiter notre banque de semences ou notre ferme et, si nous ouvrions tout le temps, les semences moisiraient ou seraient envahies par des maladies. Les variétés sélectionnées sont conservées dans des lieux très spéciaux, des emballages particuliers que nous n'ouvrons qu'au moment de semer. On ouvre les paquets une fois au bout de trois mois pour voir si les semences sont bonnes ou non et pour les sécher pendant une journée au soleil avant de les ranger à nouveau. En ce moment, nous avons 60 variétés de blé. Nous essayons de stocker nos semences dans des paniers en bambou afin de les garder plus longtemps. Autrement, on peut perdre en un an de 20 à 30 % à cause de la germination. Mais, comme nous utilisons les semences chaque année, nous n'avons pas de perte à la germination. Si vous n'avez pas de bambou, faites des paniers en bois et utilisez-les pour le stockage. Et, pour les très petites semences, vous pouvez employer une bouteille en verre. Certaines semences, on ne les stocke nulle part, on se contente de les conserver au frais. Il faut donc choisir la bonne façon de protéger la semence. Toutes les semences ne nécessitent pas d'être placées dans des boîtes, des bidons ou des paniers. Chacune est différente. C'est la nature qui nous l'apprend. La nature est un bon professeur. Le sol est excellent pour préserver la saveur de certaines semences. Généralement, nous essayons de construire notre banque de semences avec un enduit de boue. Le ciment est dangereux. Plus votre banque de semences sera fraîche et sombre, plus vous éviterez les insectes et les problèmes.

Nous ne demandons pas d'argent pour les semences, la semence, c'est un échange, un don. Personne ne sait d'où vient la semence. On doit la distribuer gratuitement comme nous le faisons. Lorsque l'agriculteur vient chercher des semences chez nous, mettons 1 kilo, nous lui demandons de les rapporter ou bien d'en donner à deux autres agriculteurs qui deviendront membres de Navdanya. Elles passent ainsi de main en main. C'est cela une banque de semences communautaire, parce qu'un agriculteur ne peut pas conserver 400 variétés de semences chez lui, mais 400 agriculteurs, chacun dans sa ferme, oui. Tout le système repose sur la relation d'agriculteur à agriculteur : donnez à l'un, il transmettra à 2 autres, qui transmettront à 4, les 4 à 8, les 8 à 16, les 16 à 32. Et ils nous donneront aussi des semences que nous n'avons pas dans notre région. Nous en recueillons 100 grammes, nous les multiplions et nous les redistribuons aux agriculteurs qui en ont besoin.

Devinder Sharma

POUR UN DÉVELOPPEMENT POLITIQUEMENT INCORRECT!

Devinder Sharma est ingénieur agronome, analyste des politiques alimentaires et commerciales, journaliste et écrivain. Expert des questions alimentaires, il consacre sa carrière à dénoncer les mythes de l'agriculture industrielle.

Selon lui, le système agricole actuel, appliqué à grande échelle, contraint les paysans à quitter leurs terres pour faire place à l'industrie, et les oblige à migrer vers les mégapoles indiennes. Il révèle les dysfonctionnements d'un système soutenu par l'OMC (Organisation mondiale du commerce) qui prône d'un côté l'ouverture des marchés, et de l'autre une agriculture subventionnée qui accorde à une vache européenne des subventions 3 fois plus élevées que le revenu d'un petit paysan en Inde!

Il s'insurge également contre le développement des biocarburants en Inde, censés n'utiliser que des terres en friche, en démontrant que celles-ci sont nécessaires à la subsistance des fermiers.

Son analyse le conduit à anticiper les phénomènes migratoires en projetant que 400 millions de personnes en Inde seront des réfugiés de l'agriculture. Il prédit que les 23 % de la population mondiale possédant 76 % des terres ne seront plus que 2 % en 2020, et que les 600 millions d'agriculteurs actuels dans le monde auront disparu. Il prend pour exemple les 27 millions d'agriculteurs américains du début du XXe siècle qui sont réduits aujourd'hui à 700 000.

Reconnu et récompensé pour ses travaux, Devinder Sharma est très souvent associé à des organisations internationales: il est entre autres membre fondateur de Chakriyer Vikas Foundation et fait partie du directoire d'Asia Rice Foundation. Il préside également un collectif indépendant à New Delhi appelé Forum for Biotechnology & Food Security.

Il a écrit récemment trois ouvrages: GATT and India: The Politics of Agriculture, GATT to WTO: Seeds of Despair *et* In the Famine Trap.
Il anime nombre de débats, conférences et séminaires sur l'agriculture soutenable, pour des publics très divers, en Inde et ailleurs.

■ L'Inde traverse une période très intéressante. D'un côté le monde la regarde comme un pays qui se développe à un rythme phénoménal. De l'autre, elle connaît un développement négatif dans la mesure où le nombre de gens qui basculent au-dessous du seuil de pauvreté et qui abandonnent l'agriculture augmente également à vitesse grand V. Selon un rapport récent du gouvernement, 836 millions de personnes, soit 77 % de la population indienne, vivent actuellement avec moins de 20 roupies par jour, c'est-à-dire un demi-dollar. Et dans le monde entier 852 millions de personnes se couchent en ayant faim, or 852 millions, c'est la troisième plus grande population au monde après l'Inde et la Chine. En Inde seulement, on estime qu'il y a 320 millions de personnes qui souffrent de la faim, mais à mon avis ce chiffre est sous-évalué parce que, si 836 millions de gens ne gagnent qu'un demi-dollar par jour, ils ne peuvent pas s'acheter deux repas par jour et par conséquent ils souffrent de la faim. Il est affligeant de voir que ce pays, jugé comme un modèle de développement et de réussite, dissimule une autre Inde, majoritaire, dont le niveau de vie est inférieur de moitié au seuil de pauvreté défini par les Nations unies et la Banque mondiale. C'est vous dire dans quelle situation paradoxale nous nous trouvons. Malheureusement en Inde nous avons suivi un chemin qui s'était déjà révélé catastrophique ailleurs, un modèle de développement que nous avons emprunté à l'Amérique et à l'Europe, fondé sur l'accroissement du PIB (produit intérieur brut). Or, l'accroissement du PIB ne reflète pas la richesse réelle. Il ne reflète que l'augmentation de la consommation. Mais le volume des échanges marchands ne reflète pas du tout le niveau de richesse de la population. Ce modèle a créé les inégalités que l'on sait. Par exemple, l'Indien le plus riche gagne 9 millions de fois ce que gagne l'agriculteur moyen. Et quand je parle de l'agriculteur moyen, il s'agit d'environ 60 % de la population. Je ne crois pas que nous puissions être fiers de ce modèle de développement au pas de course, car c'est un modèle qui exacerbe la crise que traverse l'Inde, qui est pourtant un pays très riche en ressources naturelles.
Il y a soixante ans, à l'époque de l'indépendance en 1947, l'Inde comptait entre 320 et 330 millions d'habitants dont 80 % étaient agriculteurs. Aujourd'hui, ce pourcentage a chuté à environ 57 % même si, dans l'absolu,

le nombre d'agriculteurs a augmenté. L'Inde compte maintenant environ 600 millions d'agriculteurs.

Autre phénomène lié au développement, le taux de meurtres de fœtus femelles est devenu phénoménal. C'est ce que j'appelle "le taux de croissance indien". Pourquoi s'extasier sur notre taux de croissance de 9,2 % ? Regardons plutôt combien de petites filles on assassine en Inde, et on verra où est la vraie croissance. On nous a amenés à croire qu'une fille ou une femme sont un fardeau pour la société. Quel triste miroir de notre mode de vie ! Le génocide, le meurtre des fœtus, l'hégémonie masculine découlent de notre modèle de développement. Seule la croissance compte… Comment peut-on être fiers de nos 8 ou 9 % de croissance si ces atrocités se perpétuent indéfiniment ?

Partout dans le monde, les étudiants apprennent que la croissance économique supprime la pauvreté, et apporte un développement durable. Chaque fois que j'enseigne ou que je donne des conférences dans les universités occidentales, je pose la question : Qu'est-ce que la croissance ? 90 % de ces étudiants ne savent même pas ce que c'est. Tous les jours on entend parler de croissance dans les journaux sans savoir ce que c'est. Qu'est-ce que le PIB par exemple ? Effectivement il existe bien une définition du PIB : c'est la somme d'argent qui change de mains. C'est très intéressant. Si vous avez un arbre debout, le PIB ne change pas. Si vous coupez l'arbre, le PIB augmente. S'il y a une rivière et qu'elle est propre, le PIB n'augmente pas. Mais, si la rivière est polluée, le PIB augmente, non pas une, mais trois fois. Pourquoi ? D'abord, puisque des déchets ont été rejetés dans la rivière, c'est que de l'argent a été échangé, donc le PIB augmente. Ensuite, quand la rivière est polluée et que les riverains boivent son eau, ils tombent malades, vont chez le médecin et, de nouveau, de l'argent est échangé. Et enfin, si vous apportez une technologie pour nettoyer la rivière, de l'argent change encore de mains et le PIB augmente encore. Quelle magnifique façon de se développer ! Aujourd'hui on nous dit que la consommation est le moteur de la croissance mais, si la classe moyenne indienne devait adopter le même mode de vie que l'Europe, il nous faudrait 50 planètes ! Est-ce que c'est le modèle de croissance dont nous avons besoin ? Un bon processus de développement doit respecter l'environnement, l'écologie et les hommes et ne pas détruire ses ressources naturelles. Mais le

modèle occidental de développement que nous avons suivi est fondé sur la destruction des ressources naturelles. Et, quand on a mangé le capital de la maison, c'est très difficile de la reconstruire.

Il y a quarante ans nous avons opté pour la "révolution verte", qui a introduit des semences hybrides, des engrais et pesticides chimiques, des cultures très gourmandes en eau, etc. C'est tout notre mode de culture que nous avons alors modifié. A ce moment particulier de l'histoire, c'était peut-être nécessaire parce qu'il y avait une pénurie alimentaire et que nous devions importer des vivres qui passaient directement des bateaux aux bouches affamées. Il nous fallait trouver une solution miracle et la révolution verte est passée par là. L'Inde est devenue autosuffisante. Mais, quarante ans après, qu'est-ce que l'on constate ? En fait, ce type de technologie et d'agriculture a détruit les ressources naturelles et a conduit les agriculteurs à la faillite : aujourd'hui nous sommes confrontés au taux de suicides de fermiers le plus élevé au monde. En Inde, toutes les heures, 2 agriculteurs se donnent la mort quelque part. Et cela ne veut pas dire que ceux qui ne se suicident pas sont heureux. Cela montre l'état de détresse du monde agricole. Des études récentes ont montré que 40 % des paysans indiens souhaiteraient abandonner l'agriculture s'ils en avaient la possibilité. La mort de 2 personnes toutes les heures ne peut pas être qualifiée de dommages collatéraux, c'est un véritable drame humain, il faut que le monde se réveille et réfléchisse au moyen de limiter cela ou de le faire cesser immédiatement, ce qui ne sera possible qu'en revenant à un système agricole holistique.

Pourquoi ? Parce que le modèle d'agriculture actuel nécessite de plus en plus de produits industriels, que les coûts de production augmentent, et comme nous voulons maintenir une alimentation bon marché, pour rester concurrentiels face aux importations des pays riches, les prix des denrées alimentaires sont restés très bas. Mais les pays riches subventionnent énormément leur agriculture parce qu'ils savent que les agriculteurs ne pourraient pas survivre autrement. Vous payez pour aider vos agriculteurs à survivre, mais malheureusement ce n'est pas le cas en Inde où on abandonne les paysans à la grâce de Dieu…

Et, si nous continuons à inciter les paysans à quitter leurs fermes, qu'allons-nous faire de 600 millions de personnes ?

Les économistes nous disent qu'il faut transformer New Delhi en New York, ou Bombay en Shanghai, ce qui veut dire qu'on ne veut pas voir les pauvres, qu'il faut les expulser… Donc d'un côté on chasse les gens de leurs fermes, et de l'autre côté on les chasse des centres urbains. Dites-moi s'il vous plaît où vont aller ces 600 millions de pauvres ! Nulle part au monde aucun pays riche, que ce soit l'Europe ou l'Amérique, ne pourra donner des emplois à ces 600 millions de personnes. Donc, nous devons trouver un système qui leur permette de s'intégrer à la société, au lieu de cacher la crasse sous le tapis. Il nous faut un nouveau système de croissance indien. N'ayons pas honte, c'est politiquement incorrect car nous devons tourner le dos au modèle occidental de développement, mais soyons forts et certains que c'est le modèle qu'il nous faut. Sinon le monde sera sens dessus dessous le jour où ces 600 millions de femmes et d'hommes se lèveront et réclameront leurs droits.

Si nous voulions revitaliser l'agriculture indienne, cela concernerait non seulement la communauté agricole mais tous ceux qui dépendent des agriculteurs, soit 200 millions de gens supplémentaires, ce qui veut dire que 800 à 900 millions de personnes sortiraient de la crise pour retrouver la voie de la stabilité. C'est ce dont le pays a besoin. Et c'est tout à fait faisable, mais nous avons besoin de plusieurs choses. Lesquelles ?

D'abord, que le monde occidental nous fiche la paix. Chaque fois que les Occidentaux sont gentils avec nous, nous sombrons dans la crise. La dernière fois qu'ils sont venus nous aider, c'est quand la Compagnie anglaise des Indes orientales (East India Company) est arrivée, à la suite de quoi, comme vous le savez, l'Inde a été colonisée pendant deux cents ans. Maintenant on veut nous aider pour la pollution, le réchauffement climatique, la crise agricole, etc. et les investissements arrivent en Inde pour exploiter les richesses minières – fer, acier et même diamant –, ce qui ne signifie pas développement, mais au contraire réchauffement planétaire, pollution, crise agraire. On prétend que, si le réchauffement planétaire se poursuit au même rythme, les pays en développement seront confrontés à de gros problèmes et, quand on veut nous vendre des armes, on nous dit que les pays en développement en ont besoin pour lutter contre le terrorisme.

Je ne comprends pas pourquoi les pays occidentaux nous cajolent tellement. En réalité, ils ne résolvent pas nos problèmes, ils résolvent leurs problèmes à nos dépens.

Mais, si le monde occidental nous laissait tranquilles, nous saurions très bien quoi faire. N'oublions pas qu'avant l'arrivée de la Compagnie des Indes orientales, il y a environ quatre cents ans, l'Inde était riche.

En 1833, les Britanniques ont envoyé en Inde un certain Lord McCauley. Lord McCauley a voyagé dans tout le pays, puis il est revenu en Angleterre et a fait un rapport au Parlement britannique qui disait ceci : "J'ai parcouru toute l'Inde, et je n'y ai pas rencontré un seul mendiant. J'ai vu des gens qui ont une culture très riche, fiers et intelligents. Si vous voulez les coloniser, il faudra changer leur tournure d'esprit, c'est-à-dire changer leur système éducatif." Depuis, notre système d'éducation est calqué sur celui de l'Occident et ceux qui gouvernent aujourd'hui sont sincèrement convaincus qu'ils font ce qui est bon pour le pays. Mais, si l'on ne change pas ce système éducatif, on ne pourra pas choisir la bonne direction à prendre.

C'est quand nous sommes devenus une colonie que nous nous sommes appauvris. A l'époque nous savions très bien ce qui nous convenait. Tant que nous serons incapables de nous affranchir de ce processus de globalisation, nous ne cesserons d'être paupérisés et de subir la crise.

Nous devons redonner à la société indienne la maîtrise de ses propres ressources. Le pays compte 600 000 villages dont beaucoup ont fait faillite ou sont en crise. Mais il existe chez nous des paysans qui ont installé à l'entrée de leur village un panneau disant : "Si vous êtes cadre dans une entreprise ou employé du gouvernement, passez votre chemin, nous n'avons pas besoin de vous." Nous avons à l'heure actuelle au moins 1 500 villages où les habitants ne veulent plus que quiconque vienne leur expliquer comment se développer. Ce sont des villages que Gandhi aurait qualifiés d'autonomes, d'autosuffisants.

Deux conférences internationales ont eu lieu en même temps : une sur le protocole de Kyoto et le réchauffement climatique, et l'autre sur le libre-échange et l'Organisation mondiale du commerce. N'est-il pas curieux et regrettable qu'elles soient contradictoires ? D'un côté les experts internationaux de l'environnement nous disent que la planète n'en a plus que pour

huit à dix ans si nous ne faisons pas le ménage car le globe se réchauffe à une vitesse phénoménale, de l'autre côté l'OMC veut développer le commerce. Mais le commerce, cela ne se fait pas avec des chars à bœufs, que ce soit par avion ou par bateau, cela se fait avec du combustible fossile. Ce qui veut dire que plus le commerce s'étendra, plus la température de la planète augmentera. Pourtant, personne ne dit que ces deux traités sont contradictoires. Il doit exister un modèle de développement durable et il faut commencer par réduire le commerce international, le commerce doit être local. Penser globalement mais commercer localement. Je ne vois pas la nécessité pour un pays comme l'Inde, premier producteur mondial de fruits et légumes, d'importer des fruits et légumes. Les pommes américaines Washington que plus personne n'achète en Amérique, parce qu'ils achètent maintenant leurs pommes en Chine, sont exportées vers l'Inde! On a triplé nos importations de pommes ces quatre dernières années. Nous n'en avons pas besoin. J'ai vu le film d'Al Gore et je comprends bien le discours que tout le monde tient, mais je pense qu'ils refusent de se confronter à la vraie menace. Ils restent politiquement corrects et ne veulent pas dire que le monde a besoin d'une nouvelle forme de commerce et d'un nouveau paradigme.

On nous rabâche que la Troisième Guerre mondiale se fera autour de l'eau. Je suis allé à une réunion où on accusait les agriculteurs asiatiques d'assécher la planète parce qu'il faut 5 000 litres d'eau pour produire 1 kilo de riz et comme 97 % du riz est cultivé en Asie, on dit que ce sont les agriculteurs asiatiques qui assèchent la planète. Les paysans d'Asie pompent de l'eau, je suis d'accord, mais ne l'ont-ils pas toujours fait au fil des âges? On sait que le riz existe depuis des temps immémoriaux… Et le bœuf? Personne n'en parle, mais pour 1 kilo de bœuf c'est 70 000 litres d'eau qu'il faut. Si nous devions arrêter la culture du riz, les agriculteurs et la population asiatique mourraient tout simplement de faim, par contre diminuer la consommation de bœuf n'empêcherait pas la survie des producteurs et des consommateurs occidentaux. Le problème, c'est que l'Occident ne veut pas changer son mode de vie, voilà pourquoi ils accusent les pays en développement de tous les maux.

Une des choses que j'essaie de faire, c'est de restaurer la confiance des éleveurs dans leurs propres animaux. L'Inde a 27 races bovines. Chaque race appartient à une région spécifique et possède des qualités remarquables qui conviennent à ce terroir particulier. Je me suis toujours demandé pourquoi nous n'avions plus confiance dans nos vaches. On nous dit que les vaches indiennes produisent peu de lait. Mais, si on lit l'histoire de l'agriculture indienne, on s'aperçoit qu'il existait autrefois des races hautement révérées par les rois pour leurs capacités de production. Pourquoi soudain tout a-t-il mal tourné? Il existe une race appelée Thar par kar, ce qui veut dire "race capable de traverser le désert du Rajasthan" en hindi. C'est le genre de vaches qui convient parfaitement à cette région-là. Prenez une vache Jersey et essayez de la faire marcher pendant 1 kilomètre et vous m'en direz des nouvelles! Mais nous achetons des vaches à l'extérieur. Nous importons même du matériel génétique pour le croiser avec le nôtre et soi-disant l'améliorer. Ainsi, 80 % de notre bétail n'a plus de patrimoine génétique distinct, on ne sait même plus à quelle race il appartient et la moitié de nos races traditionnelles ont complètement disparu. Et récemment j'ai compris ce qui se passait quand j'ai lu un rapport de la FAO qui disait que le Brésil, qui se trouve à des milliers de kilomètres de l'Inde, est devenu le plus gros exportateur de races bovines indiennes, et que ces races produisent autant de lait que les Jersey et les Holstein. En fait, une des races indiennes du Brésil donne davantage de lait que les Jersey. Le Brésil, lui, a compris le potentiel des vaches indiennes et je ne serais pas surpris d'apprendre que l'Inde va importer ses propres races en provenance du Brésil! Nous ne voulons pas de cette aberration, c'est pourquoi nous disons à notre peuple: Travaillez avec vos propres vaches qui sont excellentes, et améliorez vous-mêmes vos races bovines.

Et nous disons aussi aux paysans: Ayez vos propres semences. Quand vous possédez les semences, vous contrôlez toute la chaîne alimentaire. Ensuite renouez avec l'agriculture qui existait autrefois dans ce pays. Cela ne veut pas dire que je vous ramène à l'âge des cavernes, mais au moins je fais une chose, c'est que je vous évite une mort certaine, le suicide.

Je pense que de plus en plus de gens, dans ce pays, reviennent à ce mode de culture, ils veulent se libérer du traquenard que représente le système industriel. Mais n'oublions pas qu'il existe un gigantesque lobby, très puissant, qui continue à vouloir balayer l'agriculture traditionnelle et tout contrôler

par les cultures génétiquement modifiées, parce que ce lobby a une technologie à vendre.
Je pense que les gens ne sont pas satisfaits de ce qui se passe. Mais ils ont l'impression, d'une manière ou d'une autre, à travers tout ce qu'ils voient et entendent dans les médias, que c'est la seule issue. Ils ont perdu confiance dans ce qu'ils avaient autrefois. Mais tout de même de plus en plus de gens prennent conscience et c'est ce qui me donne un formidable espoir.
Il y a quinze ans, quand je faisais des conférences où je parlais d'agriculture et de développement durable, si 10 à 20 personnes venaient m'écouter c'était un "succès". Aujourd'hui, il m'arrive de prendre la parole devant 100 000 ou 200 000 personnes. J'ai même parlé dans des rassemblements d'agriculteurs et de travailleurs ruraux qui réunissaient 1 400 000 personnes. Beaucoup de gens me demandent: "Est-ce que vous n'êtes pas en train de livrer une bataille perdue?" Et je leur dis toujours: Imaginez le monde il y a cent cinquante ans, quand le soleil ne se couchait pas sur l'Empire britannique, et que cet empire était impitoyable et très puissant. Il n'y avait ni liberté de la presse ni groupes de défense des droits de l'homme. Et pourtant, pour ces milliers et milliers de gens qui essayaient de mener la bataille contre l'Empire britannique, un homme s'est levé et a pris la direction du mouvement. Le reste du monde l'a suivi, et l'empire s'est effondré.
Aujourd'hui le soleil ne se couche pas sur l'empire des multinationales. Si nous n'avons pas un Gandhi, nous pouvons avoir 100 Gandhi et je pense qu'ensemble nous pouvons faire la différence. Je suis très confiant parce que l'Inde possède une riche histoire de gens qui ont réalisé leurs rêves les plus fous.
La conscience est en train de naître dans la société. C'est là que réside l'espoir.

Muhammad Yunus

LE MICROCRÉDIT OU LA RENAISSANCE DE L'ÉCONOMIE PAR LES FEMMES

Muhammad Yunus (né le 28 juin 1940) est un banquier et économiste bangladais. D'abord professeur d'économie, il a développé le concept de microcrédit dans lequel des prêts sont accordés aux chefs d'entreprise trop pauvres pour accéder aux prêts bancaires traditionnels. Yunus est également le fondateur de la Grameen Bank. En 2006, il est, conjointement avec cette banque, récompensé du prix Nobel de la paix "pour leurs efforts en faveur d'un développement économique et social par le bas." Yunus lui-même a reçu plusieurs autres distinctions à l'échelon national et international. Il est l'auteur de Banker to the Poor *[en français* Vers un monde sans pauvreté*] et membre du comité fondateur de Grameen America et de Grameen Foundation. Il est l'un des fondateurs du groupe Global Elders. Yunus travaille aussi au sein du comité de direction de la Fondation des Nations unies, association caritative publique, créée en 1998 grâce au don exceptionnel de l'homme d'affaires et philanthrope Ted Turner d'un milliard de dollars, pour soutenir les causes des Nations unies. La Fondation des Nations unies établit des partenariats et finance des projets avec des organismes publics et privés, pour répondre aux urgences qui se présentent dans le monde.*

■ Ce que je fais, ce que l'on connaît sous le nom de Grameen Bank, tout cela a débuté par hasard. Je n'imaginais pas créer une banque, je ne connaissais rien à l'activité bancaire. Ce sont les circonstances qui m'y ont conduit. La situation était terrible à l'époque au Bangladesh en 1974, il y avait la famine. Des milliers, des centaines de milliers de personnes mouraient de faim, et j'enseignais alors l'économie, de belles théories, des théories merveilleuses, mais quand on sortait de la salle de cours, on voyait les gens mourir et on n'avait rien à leur offrir. Vous vous sentez vide, complètement inutile, et tout ce que j'avais appris ne servait à rien pour les gens. Alors je me suis dit qu'il fallait que j'oublie tout ce que j'avais appris et que je me contente d'être un être humain aux côtés d'autres êtres humains. J'étais sûr qu'en tant qu'être humain je pouvais faire quelque chose.

Je suis donc allé au village d'à côté, je n'avais pas beaucoup de chemin à faire puisqu'il y en avait un juste à l'extérieur du campus. Et je me suis dit que si je pouvais me rendre utile à une personne, ne serait-ce que pendant une journée, je serais heureux de le faire. J'y suis allé tous les jours après mes heures de cours pour parler avec les gens, m'asseoir et passer un moment avec eux, et j'ai rendu beaucoup de petits services. Et puis, j'ai remarqué le trafic des prêts dans le village : les gens empruntaient des toutes petites sommes à des requins, qui ensuite les tenaient à leur merci, prenaient le contrôle de leurs vies et finissaient par les ruiner pour des emprunts minimes. Alors je me suis mis à dresser une liste des emprunteurs, et quand ma liste a été complète, il y avait quarante-deux noms dessus. Le montant total de ce qu'ils avaient emprunté s'élevait à 27 dollars, et ça a été un choc. Comment des gens pouvaient-ils souffrir tant pour si peu d'argent ? Là je me suis dit, je dois pouvoir faire quelque chose. Si je leur donnais cet argent pour qu'ils remboursent les requins du crédit, ils seraient libres, et on ne pourrait plus les persécuter. C'est ce que j'ai fait tout de suite et je me disais que c'était une des autres choses que j'avais faite parmi d'autres, et j'étais très heureux que cela ait aidé quarante-deux personnes.

Mais je n'avais pas pris conscience de l'ampleur de l'enthousiasme et de l'excitation que cela provoquerait chez ces personnes et leurs voisins. Alors je me suis dit qu'au lieu de ne faire cela qu'une fois, je devrais peut-être continuer et trouver le moyen, quand quelqu'un veut emprunter de l'argent, de lui donner la somme nécessaire. Je suis donc allé à la banque locale pour la convaincre de prêter de l'argent aux gens et leur éviter d'avoir recours aux requins. Mais la banque m'a juste répondu : "Pas question, on ne prête pas aux pauvres." Je trouvais ça idiot, je leur ai demandé pourquoi ils ne pouvaient pas prêter de l'argent aux pauvres.

Et leurs explications me semblaient stupides. Je me suis dit qu'il fallait que je parle avec les cadres haut placés de la banque, ce que j'ai fait, mais la réponse était toujours la même, on ne prête pas aux pauvres. Une situation sans issue. Alors je leur ai dit : "Si je me porte garant, vous acceptez ? Vous me donnez l'argent et c'est moi qui prends le risque. Vous n'aurez aucun problème."

Cette fois ils ont réagi positivement, en disant, OK, on va examiner le dossier. L'examen du dossier a pris encore deux mois et finalement ils l'ont accepté. C'est comme cela que j'ai commencé à prendre de l'argent à la banque pour le donner aux gens. J'ai instauré des règles simples pour que les pauvres puissent rembourser facilement les prêts. Par exemple j'ai instauré des paiements hebdomadaires pour qu'ils aient très peu d'argent à rembourser chaque semaine. Et ça a marché, tout le monde remboursait, j'étais très content. Mais pas la banque. Plus l'opération prenait d'ampleur, plus la banque résistait. Alors j'ai pensé : "Peut-être faudrait-il que j'aie une banque indépendante pour pouvoir continuer, maintenant que je sais que ça marche." J'ai donc commencé à demander une autorisation gouvernementale pour créer une banque. Je ne me suis pas facilité la tâche parce que je voulais absolument que cette banque appartienne aux pauvres… C'est devenu très compliqué parce que les autorités pensaient : "C'est déjà pénible d'avoir une banque pour les pauvres, mais si vous dites qu'en plus elle doit leur appartenir, c'est doublement embêtant…" Mais j'ai persévéré pendant trois ans et finalement, en 1983, j'ai obtenu l'autorisation et nous avons monté une banque que nous avons appelée "Grameen Bank", ce qui signifie "banque de village".

Nous avons continué à nous développer et très rapidement nous sommes devenus une grande banque avec énormément de clients. Aujourd'hui au Bangladesh, nous avons 7 500 000 emprunteurs, dont 97 % sont des femmes, et la banque leur appartient. Le taux de remboursement des prêts est très élevé, de 98 à 99 %. Et la banque fait des bénéfices qui reviennent aux clientes sous forme de dividendes. Ce sont toutes des femmes analphabètes, nous les avons encouragées à scolariser leurs enfants et on y est arrivé, tous leurs enfants vont à l'école. On s'est aperçu que beaucoup de ces enfants travaillaient très bien à l'école, donc nous avons commencé à leur allouer des bourses pour les récompenser. L'année dernière, nous avons accordé des bourses à 16 000 collégiens, et le nombre de bourses augmente chaque année. Au vu de cette augmentation, nous avons instauré un prêt étudiant pour que les élèves continuent leurs études. Aujourd'hui, grâce à ces prêts, 32 000 étudiants font leurs études dans des écoles de commerce, de médecine, ou d'ingénieurs.

Donc maintenant, une deuxième génération émerge, complètement différente de leurs parents analphabètes. Et les gens me demandent : "Pourquoi avez-vous tant de femmes dans cette banque ?" J'ai essayé de leur expliquer tout cela, mais sans succès. Alors maintenant c'est moi qui leur pose la question inverse : "Est-ce que vous avez demandé aux autres banques pourquoi elles n'ont que des hommes comme clients ?" Quand c'est une banque d'hommes, tout est normal. Mais quand vous faites une banque avec des femmes, tout le monde commence à se crisper, à demander : "Mais pourquoi avec des femmes ?" Mais la raison, elle est très simple. Quand j'ai commencé à critiquer les banques, non seulement je me plaignais du fait qu'elles ne prêtaient pas d'argent aux pauvres mais aussi qu'elles n'en prêtaient pas aux femmes. J'ai pointé leurs statistiques et je leur ai dit : "Dans toutes les banques réunies, il n'y a même pas 1 % de femmes qui empruntent. C'est qu'il doit bien y avoir un problème, un mécanisme de rejet des femmes."

Quand j'ai commencé mon projet, je voulais être sûr que la moitié des emprunteurs seraient des femmes. Mais quand j'allais les voir, elles me disaient : "Non, ne me donnez pas l'argent à moi, je ne sais pas comment gérer l'argent. Donnez-le à mon mari." Je voyais bien que ce n'était pas le vrai problème. Et les étudiants qui travaillaient avec moi à la construction de cette banque étaient très agacés par mon obstination à vouloir que 50 % de nos clients soient des femmes. Ils n'arrivaient pas à trouver de femmes qui acceptent d'emprunter. Finalement, ils m'ont dit : "Abandonnons cette idée de prêter à 50 % de femmes, et concentrons-nous sur ceux qui demandent des prêts. Puisque les femmes ont l'air de penser qu'elles ne connaissent rien à l'argent, pourquoi s'acharner à vouloir leur en prêter ?" Alors j'ai essayé de leur expliquer que lorsqu'une femme dit : "Je ne sais pas m'occuper d'argent", ce n'est pas elle qui parle. A travers elle, c'est une autre voix qui parle, c'est la voix de l'histoire qui l'a imprégnée de tellement de peurs, de tellement de rejets que, maintenant, elle a oublié comment prendre des initiatives. Et cette peur ne va pas disparaître en un jour ni en une seule discussion... Il va falloir revenir encore et encore, essayer de l'encourager, de lever ses craintes couche par couche, jusqu'à ce qu'un jour enfin une femme dise : "Je devrais peut-être essayer." Et ça ce sera un grand jour, parce que si elle essaie et qu'elle réussit, elle éveillera la curiosité de ses voisines. Et parmi ses voisines, il y en aura une qui se dira : "Si elle y est arrivée, pourquoi pas moi ?" Et celle-ci viendra à la banque, et une autre viendra, et encore une autre, et cela fera boule de neige.

C'est exactement ce qui s'est produit, mais cela nous a pris six ans pour parvenir au taux de 50 % de femmes. Et puis on s'est aperçu que l'argent emprunté par les femmes apportait considérablement plus de bienfaits à la famille que celui emprunté par les hommes. Cas après cas, cela se vérifiait. Donc nous avons commencé à remettre en cause ce principe des 50/50 hommes-femmes. Qu'est-ce qu'il y a de si formidable dans le 50/50 ? Pourquoi doit-on rester bloqué sur ce 50/50 ? Et si on oubliait cela ? Et si on se concentrait uniquement sur les femmes parce qu'avec elles on fait vraiment du bien à la famille ? Et c'est ce que nous avons fait, et c'est pourquoi nous sommes passés de 50 % à 60, 80, 90 et 97 % de femmes. Voilà comment nous en sommes arrivés à ce pourcentage. Et aujourd'hui la Grameen Bank non seulement prête de l'argent à des femmes pauvres, mais aussi appartient à des femmes pauvres. C'est elles qui déterminent la politique de la banque, en fixent les règles, etc. Et leurs enfants vont à l'école et ensuite à l'université.

A partir du moment où la femme a le pouvoir économique, toutes les chansons du genre "tu dois faire ceci, tu dois obéir à cela" volent en éclats. Tant que votre nourriture dépend d'une personne dont vous devez satisfaire les désirs, alors vous êtes une esclave. Dès que vous ne dépendez plus de lui puisque vous gagnez assez ou plus qu'assez pour vous nourrir, votre relation change complètement et même si votre religion vous ordonne de faire ceci ou cela, vous vous en fichez. Vous n'allez pas voir le mollah pour savoir quoi faire de votre argent, vous avez l'argent, vous vous en servez, c'est tout. Et quand vos enfants sont éduqués, ils n'écoutent pas ce que dit le mollah. Voilà comment on peut introduire la subversion qui renverse les coutumes. Tant que vous êtes en prison, vous êtes impuissant. Dès que vous détruisez la prison, tout fonctionne différemment. Si, par exemple, on vous a mariée de force à 12, 13 ou 14 ans, vous étiez ignorante, vous disiez "maman m'a dit, papa m'a dit", on vous a mariée et voilà, c'est devenu votre vie. Mais maintenant, essayez donc de dire à votre fille de 12 ans, on va te marier.

Elle va hurler : "Quoi ! Me marier, à 12 ans, non mais ça va pas non !" Et cette rébellion, elle vient de l'ouverture d'esprit, de l'éducation, pas de la législation. La législation c'est bon pour les politiques, pour écrire les lois dans des livres, mais la vraie loi qui compte, elle se fait entre les gens, dans la vie.
Je pense que tout le concept du commerce doit être revu. Aujourd'hui, il n'y a qu'une seule conception du commerce, celle qui consiste à faire de l'argent, à maximiser les profits. Dans aucune des théories économiques du capitalisme, il n'y a de place pour un autre genre de commerce. Cela restreint beaucoup la vision que l'on peut avoir du genre humain, réduit à une seule et unique dimension, celle de faire de l'argent. Mais c'est faux. En réalité les humains sont multidimensionnels. Ils prennent du plaisir à des activités très diverses. Oui ils aiment gagner de l'argent, mais ils aiment beaucoup aussi en donner, ou aider les autres, ou infléchir la marche du monde. Tout cela n'est jamais pris en compte par les théories économiques. Mais les humains ne sont pas des machines à faire de l'argent, les vrais humains doivent réinvestir l'espace du commerce, et remplacer les robots. Les humains sont égoïstes, mais également généreux, ils ont ces deux dimensions en eux, chacune avec la même force. L'économie reconnaît l'égoïsme mais ignore et bannit la générosité. Si on veut exprimer son altruisme, on est obligé de sortir du champ de l'économie et de donner son argent à perte. Et c'est ce que font des milliers de gens, ils donnent des dizaines, des centaines, des millions de dollars, individuellement, par charité. Moi je leur dis : "Si vous faites la charité, l'argent s'en va et ne revient jamais. C'est de l'argent qui ne sert qu'une fois. Mais si vous transformez cette philanthropie en commerce social, alors votre argent se recycle, continue à vivre, et quand cela commence, cela ne s'arrête plus." C'est une utilisation beaucoup plus puissante de l'argent qu'avec la charité. Si on transforme la charité en commerce social, elle devient un commerce créatif.
A ce moment-là, le profit n'est que le moyen, et le commerce social le vrai but. Et cela fonctionne, parce que tous les humains veulent avoir un impact sur le monde. Nous sommes sur cette planète pour un temps très court, et nous voulons tous laisser une trace, une signature, dire j'étais différent, j'ai fait ceci, j'ai au moins changé cela, et tout le monde devrait avoir cette

opportunité de transformer un peu le monde. Le commerce social permet aux gens de laisser leur empreinte et si on peut développer une seule graine de commerce social, imaginez l'impact que cela aurait si cela se répandait à l'échelle mondiale.

Aujourd'hui nous sommes confrontés à une crise financière gigantesque, d'une ampleur historique sans précédent. Nous ne savons pas si elle se reproduira, nous espérons qu'elle ne se reproduira pas mais il nous faut résoudre ce problème. La plus grande des crises est toujours la plus grande des chances. C'est une chance parce que si l'ensemble du système s'écroule nous allons devoir le reconstruire, mais pas comme avant, mieux. Il va falloir éliminer ce qui va de travers et créer une nouvelle société. Et derrière cette crise financière se profile une autre crise, autrement plus grave, c'est la crise environnementale.

Il y a là une formidable opportunité pour créer un nouveau modèle de société qui prenne en compte tous les problèmes, pas seulement les problèmes économiques. Il y a des solutions à ces difficultés, c'est une question de volonté politique. Toutes les parties du monde doivent y réfléchir ensemble parce qu'avec la globalisation, si le bateau coule, nous serons tous embarqués dans le même naufrage. On ne peut plus dire : "Tout va bien pour nous, on s'en sortira, que les autres se débrouillent." Cette crise financière a commencé dans un pays, et elle a emporté le reste du monde dans la tourmente. Mais ce sont toujours les pauvres qui souffrent en premier de ces grandes crises.

Le nouveau système devra aborder tous les problèmes que nous avons créés et notamment revenir sur ce qui a provoqué cet effondrement. Certains ont identifié les causes de l'écroulement : appât du gain, transformation des places financières en casinos, capitalisme irresponsable : les pertes ont été payées par la société, alors que les gains ont été privatisés. Il faut balayer tout cela. L'appât du gain et le capitalisme irresponsable n'ont plus leur place. Si le capitalisme doit subsister, il faut qu'il apprenne à être responsable de la société, du monde, de la planète. La finance ignore la majorité des humains. Les deux tiers des habitants de la planète sont écartés du secteur financier. Pourquoi les exclure ? L'homme le plus pauvre du monde devrait pouvoir s'impliquer dans le champ économique.

J'ai parlé de l'autorisation de crédit comme d'un droit de l'homme. Tout le monde doit avoir accès aux services financiers. C'est pourquoi, nous avons dû créer une entité spéciale appelée microcrédit, qui fonctionne différemment du système bancaire courant. Le microcrédit ne fait toujours pas partie du système financier, ce n'est encore qu'un minuscule appendice du système financier. Pourquoi ne pas réduire les clivages économiques entre les gens en intégrant dans le marché la part d'altruisme de l'être humain ? Pourquoi ne pas mettre en œuvre un commerce social, le reconnaître, lui donner sa juste place, créer les institutions qui le soutiennent ? Créons un autre marché boursier, un marché boursier social dans lequel vous pourrez confier votre argent à une entreprise qui va changer la marche du monde, et pas seulement pour en tirer des bénéfices, mais pour répondre à votre désir de participer à la transformation du monde.

L'argent a aussi le pouvoir de changer le monde !

João Pedro Stedile

DE LA TERRE POUR TOUS

Economiste et activiste social brésilien, João Pedro Stedile est membre de la coordination nationale du Mouvement des sans-terre (MST), dont il est également l'un des fondateurs.
Gaúcho (gardien de troupeaux) de formation marxiste, il est l'un des principaux défenseurs d'une réforme agraire au Brésil. Fils de petits agriculteurs originaires de la province du Trentin en Italie, il vit actuellement à São Paulo. Il est diplômé en économie de l'Université catholique pontificale du Rio Grande do Sul, et de l'Université nationale autonome du Mexique. Il est un membre actif de la Commission des producteurs de raisin et des Syndicats des travailleurs ruraux du Grande do Sul, dans la région de Bento Gonçalves. Conseiller à la Commission pastorale de la terre (CPT) du Rio Grande do Sul, il a aussi travaillé au secrétariat de l'Agriculture du Rio Grande do Sul.
Depuis 1979, il participe aux activités de lutte pour la réforme agraire, au sein du MST et de Via Campesina Brasil.

■ Notre génération vit un très grand dilemme, parce que le capitalisme, dans sa phase actuelle où le capital financier et les multinationales dominent tout, a imposé une agriculture dont le but n'est pas de produire des aliments mais des marchandises pour gagner de l'argent.
Et, ce faisant, sans mesurer les conséquences de leurs actes, ces producteurs capitalistes se sont transformés en pilleurs de la nature. Ils tirent d'elle tout ce qui peut leur profiter. Ils exploitent l'eau et le sol, ils appliquent les techniques productivistes des industries qui n'ont qu'un but, vendre aux agriculteurs des quantités industrielles de fertilisants et de pesticides, des machines toujours plus grosses qui éliminent la main-d'œuvre, tout en pillant les ressources d'eau potable pour une irrigation massive.
Ce modèle de révolution verte, de capitalisme industriel appliqué à l'agriculture, n'a pas d'avenir. Pire que cela, il met en danger la vie de la planète parce qu'il détruit les micro-organismes des sols et qu'il empoisonne les aliments. Les poisons qu'on répand sur les cultures ne se détruisent pas.

Ils vont dans le sol, dans l'eau ou dans notre estomac et entraînent des déséquilibres toujours plus nocifs. L'application intensive de poisons dans l'agriculture fondée sur la monoculture détruit la biodiversité.

C'est le plus grand danger qui nous guette ici dans l'hémisphère sud, car les multinationales se sont associées aux grands propriétaires terriens pour imposer la monoculture qui leur rapporte des profits mirifiques : la monoculture de canne, de soja, de maïs, de coton.

Dans une pratique intensive, on détruit non seulement toutes les autres formes de vie végétale, mais aussi tous les micro-organismes du sol qui en garantissent la fertilité.

Les fertilisants et les pesticides, on ne doit pas les chercher dans la chimie, on doit les chercher dans les ressources que la nature nous offre.

Nous pouvons faire des engrais verts, des rotations de cultures et des associations de plantes, nous pouvons découvrir des poisons naturels que les plantes sécrètent, et ainsi produire des aliments sains, sans agrotoxiques.

Nous découvrons que l'humanité n'a pu survivre pendant des millions d'années que grâce aux paysans qui ont toujours développé ces techniques qui consistent à produire en respectant la nature.

Malheureusement, depuis la Seconde Guerre mondiale jusqu'à aujourd'hui, on nous a imposé une idéologie destinée à faciliter les ventes des intrants chimiques. Comme si l'agriculture ne pouvait produire qu'en appliquant des techniques chimiques !

Le MST et la Via Campesina font un effort énorme ici au Brésil et dans toute l'Amérique latine pour rassembler le savoir populaire des paysans, pour récupérer aussi la connaissance scientifique des universités, et construire une nouvelle matrice de techniques agricoles qui respectent l'environnement et produisent des aliments sains.

Nous sommes maintenant dans une étape de résistance pour préserver ces connaissances, et les disséminer dans les universités, parmi les paysans. Nous sommes les gardiens d'un principe qui provient de millions d'années, et nous avons la certitude que nos propositions sont viables parce que c'est grâce à elles que nous existons.

Le modèle d'agriculture industrielle nous emmène vers une tragédie pour l'humanité.

Actuellement on se moque de nous, on nous traite de Don Quichotte luttant contre des moulins à vent, mais dans le futur nous prouverons que la seule manière de produire des aliments qui garantissent la santé de la population et préservent l'environnement, ce sont les techniques de l'agriculture familiale plutôt que celles de l'agriculture industrielle.

La prochaine génération nous remerciera pour le courage que nous avons eu de nous insurger et de lutter à contre-courant du modèle dominant.

Dans le mouvement de la Via Campesina, nous défendons le concept de souveraineté alimentaire, l'idée que chaque communauté doit produire ses propres aliments. Pas seulement pour être politiquement indépendante, mais aussi pour apprendre à vivre avec les êtres vivants qui partagent avec nous cette planète.

Et cela n'est réalisable qu'à travers une agriculture paysanne, familiale, en polyculture, le contraire de l'agriculture industrielle.

Bien entendu, les gouvernements n'aiment pas ça, parce qu'ils sont vendus aux entreprises. Ils sont devenus les simples gérants de leurs volontés.

C'est justement pour les transformer en marionnettes que les entreprises gaspillent tant d'argent dans les campagnes électorales.

Les mentalités changeront quand les gens se rendront compte que les aliments empoisonnés entraînent toujours plus de maladies.

Le plus grand mensonge, c'est de nous faire croire que la consommation des biens matériels est synonyme de bien-être. Nous devons repenser nos modes de vie afin de vivre sainement, avec un haut niveau culturel et beaucoup de plaisir, sans être obligés de consommer des biens matériels. Il faut cesser de confondre le développement avec le productivisme, le bien-être avec l'achat.

Les milieux ruraux ont toujours été sexistes, véhiculant une tradition culturelle machiste. Mais nous nous rendons compte qu'en réalité la terre est féminine, et que les pratiques agricoles exigent qu'on intègre le regard féminin – observer davantage la nature, être plus attentionné envers elle, et produire les aliments avec amour.

Nous, les hommes, sommes éduqués avec un sens de la vie totalement opposé, on nous apprend à devenir productivistes, spoliateurs.

Les femmes ont eu une perception avant-gardiste de la société, elles ont compris que les semences ne pouvaient pas devenir des marchandises et qu'il était extrêmement important que chaque communauté en prenne soin pour garder sa souveraineté alimentaire.

A la Via Campesina, elles nous ont aidés à rectifier le tir. Ce sont les premières à avoir compris l'importance des semences.

Nous dialoguons avec les mouvements paysans des autres pays, et nous constatons que les organisations paysannes qui sont encore machistes mettent plus de temps à comprendre le rôle de la semence et la nécessité de produire d'une manière différente. J'en profite pour rendre un hommage aux mouvements des femmes paysannes du Chili, de Bolivie et du Guatemala. Elles sont fantastiques et nous sommes particulièrement reconnaissants envers ces femmes qui se sont organisées en premier et qui nous ont beaucoup appris avec leurs idées, leur expérience et leur façon de voir le monde.

LES ACTEURS DU MOUVEMENT DES SANS-TERRE

Le MST (Mouvement des sans-terre) est un mouvement social brésilien né dans les années 1970, qui s'est organisé autour de trois objectifs principaux : lutter pour la terre, pour la réforme agraire, et pour une société plus juste et plus fraternelle.

Organisés dans 23 des Etats brésiliens, les travailleurs du MST soutiennent les initiatives qui cherchent des solutions aux graves problèmes structurels du Brésil, comme l'inégalité sociale et l'inégalité des revenus, les discriminations ethnique et hommes/femmes, l'exploitation du travailleur urbain, etc. Ils pensent que la résolution de ces problèmes ne sera possible qu'à travers un Projet populaire pour le Brésil, fruit de l'organisation et de la mobilisation des travailleurs et travailleuses, et que la contribution la plus efficace du MST à ce projet réside dans la lutte pour la réalisation de la réforme agraire, par la démocratisation de l'accès à la terre et la production d'aliments.

Le MST est un mouvement qui compte 1,5 million de membres dans tout le Brésil, et qui, en plus des occupations de terrains, a fondé des universités, des hôpitaux et des centres de formation agricole fréquentés par des étudiants venant de toute l'Amérique latine et du monde entier.

Le MST s'engage également auprès des réseaux qui cherchent à faire évoluer la situation actuelle et à garantir les droits sociaux, comme le Forum national de la réforme agraire, la Coordination des mouvements sociaux (CMS) et d'autres campagnes permanentes ou ponctuelles.

Au niveau international, le MST fait partie de Via Campesina, qui rassemble les mouvements sociaux paysans des cinq continents.

Le MST est actuellement très combattu par le régime de Lula qui semble vouloir trahir les petits paysans au profit des grandes entreprises d'agriculture industrielle intensive dont le seul but est la rentabilité financière.

La production du MST est une production écologique, sans pesticides, sans engrais chimiques et sans OGM, favorisant la diversification des cultures, la reforestation, la culture de plantes médicinales, la nourriture pour les familles du MST *et la commercialisation des surplus à des prix accessibles aux plus démunis. Les rapports de production sont coopératifs et solidaires. Les terres sont toujours données à un couple, car la théorie du* MST *est qu'il ne peut y avoir d'agriculture sans un équilibre entre les hommes et les femmes. Les latifundia au Brésil ont quelquefois la taille de trois de nos départements, et sont la propriété d'une seule famille.*

VALMIR STRONZAKE

■ Le Brésil est un très grand pays. Beaucoup de familles dépendent de la terre mais n'en ont pas pour travailler, alors qu'il existe beaucoup de terres que personne n'occupe. Le MST cherche donc à trouver de la terre pour ces familles, en plus de lutter pour une société plus juste, plus égalitaire et plus socialiste. L'*assentamento* dans lequel j'habite est le fruit de cette lutte du MST, qui l'a occupé en 1993. Aujourd'hui, on est 23 familles (77 personnes) à vivre sur 256 hectares.

Le parti du président Lula a toujours soutenu la lutte pour la réforme agraire. Mais, dans la pratique, on observe que la volonté d'apporter des devises au pays *via* l'exportation des matières premières fait que le gouvernement soutient davantage les grands fermiers, les *latifundários*, qui produisent du soja et de la canne à sucre pour l'exportation, que l'agriculture familiale des *assentamentos* qui produisent la nourriture que consomme le peuple brésilien.

Quand nous avons récupéré cet *assentamento*, c'était une terre abandonnée. Il n'y avait qu'une plantation de canne à sucre qui produisait de l'éthanol pour l'exportation. Notre première action a été d'organiser les familles qui vivent ici dans un collectif. Contrairement à ce qui se fait souvent dans d'autres *assentamentos* du MST, nous n'avons pas partagé la terre entre les familles. Les gens ici souhaitaient que la terre appartienne en totalité à toutes les familles. C'est donc un "*assentamento* collectif".

Notre coopérative est autogérée par les familles sous forme participative. Chaque personne donne son opinion et fait un travail spécifique. L'un est responsable de la traite des vaches, l'autre de la coupe de la canne, un autre s'occupe de la production des légumes, de la partie commerciale, des ventes, du bureau. Chaque personne a un travail à l'intérieur de l'*assentamento*, et non une terre. La planification de ce que nous allons produire, des activités ou des investissements que nous allons faire, est discutée collectivement.

Nous avons opté pour une organisation collective pour plusieurs raisons. D'abord, parce que nous nous sommes dit qu'une famille ne pourrait pas survivre avec un petit lopin de terre, vu l'état de dégradation et de faible fertilité du sol à cet endroit. De plus, cela correspondait à notre idéologie.

Nous voulions montrer qu'il est possible de produire en faisant en sorte que les personnes ne s'exploitent pas les unes les autres, qu'il existe une forme plus socialiste du travail. Nous étions aussi soucieux de respecter l'environnement, de préserver et de reconstituer la forêt d'origine, et c'est plus facile de le faire collectivement qu'individuellement.

Nous avons commencé par substituer à la production de la canne celle de cultures vivrières, c'est-à-dire de plantes potagères, de légumes et de céréales. Dès les premières années, nous avons pratiqué une agriculture écologique. Ça a été très long de récupérer ces terres, parce qu'elles étaient totalement dégradées après des années d'une agriculture prédatrice qui utilisait beaucoup de produits agrotoxiques et qui brûlait la canne tout au long de l'année. On a mis des années, et cela nous a demandé énormément de travail, mais on a réussi à faire revivre notre terre, notamment grâce aux engrais verts, et à obtenir une belle augmentation de sa productivité.

Pendant les six premières années, nous n'avons utilisé pour notre consommation qu'environ 50 % des terres. Les 50 % restants, nous devions les faire revenir à la vie en les traitant à l'engrais vert. Cette période de transition a été très critique. La vie était terriblement éprouvante et plusieurs familles nous ont abandonnés. Actuellement, certaines parties de l'*assentamento* sont en repos ou en récupération de productivité. On n'y plante pas pour récolter, on plante pour récupérer la terre. Mais cela ne concerne qu'environ 10 % de nos terres.

Aujourd'hui, nous produisons du manioc, des haricots, des plantes potagères, de la laitue et de la chicorée. Nous avons une boulangerie, une machine à faire le pain, dont on vend l'excédent de production. Nous avons un restaurant communautaire où sont servis le café et le déjeuner du lundi au vendredi. Nous produisons du lait. Et le fumier des animaux est utilisé pour fertiliser les pâturages. Nous avons deux objectifs : produire notre alimentation et alimenter les autres. Pour les plantes potagères et les légumes, environ 50 % de la production sont destinés à notre propre consommation, et 50 % à la vente. Pour la production de lait et des dérivés de canne, 95 % sont destinés à la vente, et 5 % à notre consommation interne. Nous avons ainsi un équilibre qui garantit notre sécurité et notre souveraineté alimentaire, mais qui permet aussi de produire pour que les autres familles qui vivent en ville puissent se nourrir d'aliments sains.

Nous livrons en vente directe nos produits aux consommateurs des villes de notre municipalité ou de notre région. Le produit qui sort de l'*assentamento* va directement sur la table des familles. Pour le commerce hors de la région, nous devons passer par des grossistes ou des intermédiaires qui achètent nos produits et les revendent aux supermarchés.

En fait, en dehors de la région, on ne réussit pas à atteindre directement le consommateur.

Avec le produit de nos ventes, on dégage un bénéfice, mais il est mince, car nous vendons nos produits écologiques au même prix que si c'était du conventionnel.

En effet, les consommateurs de la région ont de faibles revenus. Ce sont principalement des travailleurs ruraux saisonniers. Alors, si on se mettait à augmenter nos produits parce qu'ils sont biologiques, seuls les riches pourraient consommer des produits sains, et les pauvres continueraient à manger des aliments pleins de poisons.

Or, les pauvres méritent aussi d'avoir une alimentation saine, donc nous avons choisi de proposer des produits écologiques accessibles. De ce fait, notre bénéfice n'est pas élevé, mais les personnes qui ont un faible revenu peuvent aussi consommer nos produits.

PATRICIA MARTINS DA SILVA

■ Je suis agronome, je suis venue il y a une dizaine d'années travailler dans cet *assentamento*. On se trouve dans la région du Rio Grande do Sul, un Etat qui compte plus de 12 000 familles *assentadas*, dont environ la moitié établie dans cette partie sud de l'Etat, qui est une région dominée historiquement par les grandes propriétés exploitées de manière intensive.

L'arrivée des *assentamentos* et le mouvement pour la conquête de la terre se sont faits à travers une lutte très intense et souvent violente. Et le combat n'a pas pris fin une fois qu'on a obtenu la terre. Ensuite on a dû mettre en place tout le processus de développement – l'accès à l'école, à la route, à la santé. Ces infrastructures de base n'existaient pas à notre arrivée, pas plus que celles qui permettent la production agricole. Dès lors, avant même de penser à produire, on devait réfléchir aux instruments de travail qu'on utiliserait. La charrue et les principaux outils agricoles sont arrivés avec les agriculteurs familiaux. Mais on manquait de moyens pour faire des routes, se déplacer jusqu'aux consommateurs et avoir l'électricité. Notre développement a pris beaucoup de temps.

D'autant que toute la technologie de production disponible était entièrement orientée vers le système conventionnel de production : utilisation massive d'engrais solubles, défrichage et labourage constants de la terre.

A notre arrivée, la majorité des agriculteurs familiaux a adopté ce modèle agricole conventionnel, du fait de l'absence d'alternatives viables. Et ce modèle est renforcé aujourd'hui par les politiques d'accès au crédit. Par exemple, pour obtenir une assurance agricole qui couvre les risques de grêle ou une sécheresse prolongée, on doit prouver qu'on a planté une semence hybride que le gouvernement a autorisée, qu'on a utilisé la quantité d'engrais préconisée pour cette semence-là et qu'on a mis les herbicides et les insecticides recommandés... On doit donc prouver qu'on a suivi le système conventionnel de production.

Or, ce modèle mène à la faillite de la terre autant que de l'agriculteur. Il induit une totale dépendance au gouvernement et aux entreprises. Alors, les agriculteurs ont commencé à chercher des alternatives. Et, pour se délivrer de ce modèle, la clé est d'avoir accès, avant tout, à un autre type de support génétique, c'est-à-dire à d'autres semences. La recherche de semences, c'est tout un processus de sauvegarde des variétés "natives", c'est-à-dire anciennes, de sauvegarde de leurs production et reproduction. Ce n'est pas seulement une valorisation de la récolte, c'est une valorisation de tout le processus de l'agriculture alternative. Car, dès que je commence à m'occuper de la semence, je m'intéresse à la qualité de ma production, à son coût, au devenir de ma terre pour la prochaine récolte, et à ce qui restera à mes enfants. Ça change toute la logique. En modifiant le système de culture, on inverse la logique des valeurs. Même si la semence est une chose très concrète, elle entretient des liens étroits avec des valeurs immatérielles. Le fait de produire sa propre semence permet à l'agriculteur d'accéder à l'indépendance. Il n'a plus besoin d'acheter des semences tous les ans, il connaît la qualité de son produit. Il parvient à une relation d'indépendance envers les choses inutiles. Il peut se libérer du crédit, des entreprises, du capitalisme, de la logique de domination dans laquelle nous vivons. Les semences que nous vendons ici, on ne veut pas les vendre chaque année. On souhaite que l'agriculteur qui nous a acheté ces semences fasse ses propres semences à partir de celles qu'il a achetées. Avec Bio-nature, nous voulons offrir les semences, les rendre disponibles. Il est important qu'elles soient développées localement pour qu'elles puissent s'adapter aux conditions de culture de l'agriculteur, à son type de sol, aux déficiences de sa terre, à son climat. C'est en s'adaptant qu'elles deviendront résistantes et productives.
C'est pourquoi cette production de semences créée avec Bio-nature a représenté au sein du MST une formidable perspective pour les petits paysans.
Bio-nature est pratiquement la seule expérience de production de semences et de plantes potagères écologiques en Amérique latine.
Ce modèle agricole procure un revenu pérenne au paysan, mais surtout lui assure la survie par l'autosuffisance alimentaire.
Je ne crois pas qu'il soit possible de construire un modèle de production agricole alternatif sans revenir à une agriculture paysanne et locale.
Parce que la sauvegarde de la biodiversité, c'est forcément local.

Le modèle de production capitaliste qui a prédominé tout au long de ce siècle donne des signes d'épuisement et on commence à voir apparaître les limites physiques de l'écosystème – dans la dégradation de la couche d'ozone et le réchauffement global.

La seule issue aux problèmes de notre société est locale et passe par une lutte des paysans et une gestion de l'environnement. Les paysans doivent s'unir, résister et lutter au plan international mais garder leur processus de reconstruction local.

Le processus de sauvegarde est nécessairement local mais il n'est viable que s'il est articulé internationalement.

AMARILDO ZANOVELLO ET LECI PEREIRA

■ Je m'appelle Amarildo. Je suis fils de petits agriculteurs d'origine italienne, qui ont émigré au Brésil car ils n'avaient pas de terre.
Cela fait dix-neuf ans que j'habite ici dans le Sud du pays.

J'ai connu le Mouvement des sans-terre en 1987 et j'y ai adhéré pour obtenir de la terre, car je n'avais pas eu la chance d'en avoir à la naissance.

Lors de l'occupation de cette terre, le conflit a été très violent, des femmes et des enfants ont été agressés. J'ai été arrêté, torturé, je suis passé par tout cela, ça n'a pas été facile… Après on veut, disons, oublier…

Quand on intègre le MST, même vos amis d'enfance commencent à vous traiter comme un vagabond, la société devient hostile, on nous juge sur des a priori. Et pourtant je ne suis pas un profiteur, j'ai toujours été travailleur, honnête, je voulais seulement ce que je n'avais jamais eu : de la terre.

Parfois les gens t'accusent d'être ce que tu n'es pas, et ça blesse.

Tu es arrêté, torturé, et ça se mélange avec tes sentiments…

Mais on a surmonté cette difficulté, on la surmonte.

C'est après ces violentes confrontations que s'est enclenché un vrai système d'acquisition des terres par l'Etat. Dans notre campement, nous étions

1 200 familles. Nous avons conquis la terre le 15 juin 1989, date à laquelle on a déménagé dans cette région.

On a dû affronter beaucoup de problèmes : une région sous-développée où il n'y avait ni routes, ni électricité, ni écoles, ni hôpitaux, dominée par l'élevage et les grands propriétaires, alors que nous étions habitués à l'agriculture familiale.

Nous n'avions rien à manger, pendant des mois nous dépendions exclusivement de ce que nous trouvions dans la nature pour survivre. C'était vraiment un test de survie. Ça a duré deux ans. Beaucoup de soldats s'entraînent à la survie en forêt, nous on l'a fait pour de vrai.

Les deux premières années, plusieurs familles ont baissé les bras et nous ont quittés...

Maintenant il y a 23 familles qui habitent ici, dans cet *assentamento* Roça Nova. Et dans la région, qui couvre 3 municipalités, nous avons 42 *assentamentos*, soit plus de 1 800 familles qui possèdent de la terre avec une moyenne de 4 personnes par famille. Et chaque famille possède en moyenne 25 hectares.

En 1992, des entreprises productrices de semences de plantes potagères sont arrivées dans la région et nous avons produit des semences pour elles.

Et, pendant trois ans, 75 % des semences de plantes potagères produites au Brésil l'ont été par les *assentados* de cette région. Ce sont des données très importantes, car personne n'est au courant du potentiel qu'il y a ici. Nous étions en train de devenir les producteurs de semences d'une agriculture conventionnelle qui utilise des poisons.

En 1996, une discussion s'est engagée au sein de la coopérative. On s'est dit qu'on était en train de devenir la main-d'œuvre d'entreprises qui nous empoisonnaient, et qu'on ne voulait pas produire des semences de la même manière qu'elles.

Comme on avait une certaine expérience, on a proposé de produire des semences agroécologiques, sans utiliser de poisons. C'est ainsi que ça a commencé.

On a réussi à trouver 12 familles prêtes à relever le défi, sachant qu'elles pouvaient réussir ou ne rien produire, et que le risque leur incombait.

Par chance, cela a marché et la démarche a porté ses fruits. L'année suivante on est passés à 30 producteurs, puis 50 producteurs et ainsi de suite.

Ensuite, nous avons voulu légaliser notre marque Bio-nature, et cela nous a pris pratiquement deux ans, à nous plonger dans les textes de loi, à faire toute cette paperasse. On a tout de même réussi à entrer sur ce marché à une période où c'était encore possible. Aujourd'hui on ne réussirait pas à le faire, parce que les lois sur les semences sont beaucoup plus restrictives qu'à l'époque.

Nos consommateurs sont très divers. Dans le Mouvement des sans-terre, il y a des producteurs, des syndicats, des coopératives, ce n'est pas un public unique.

Cela fait onze ans qu'on travaille en bio. Nous avons pris le parti de ne proposer que des variétés que l'agriculteur puisse reproduire. Bio-nature n'a pas seulement un objectif commercial, nous ne voulons pas être producteurs et vendeurs de semences. Nous voulons inciter le producteur à améliorer sa semence et à la reproduire. On met à sa disposition des variétés qu'il n'a pas. A lui ensuite de les reproduire, ce qui est impossible avec les hybrides, qui sont stériles. Par ailleurs, on essaie d'accompagner les producteurs et ils nous donnent des indications sur l'évolution ou les problèmes de nos semences. Car notre objectif est d'augmenter la productivité et la qualité des produits.

Notre démarche s'est propagée dans d'autres *assentamentos*, qui se sont mis à produire des semences. Aujourd'hui, nous sommes environ 200 familles engagées dans le projet et nous travaillons avec trois autres Etats du Brésil. On a presque 40 variétés de semences sur le marché. Notre but, c'est d'atteindre 4 % du marché national pour l'ensemble de nos semences.

Nous l'avons déjà atteint pour une partie d'entre elles. Nous sommes aidés par le fait que la consommation d'aliments biologiques augmente beaucoup au Brésil, et que nous sommes les seuls dans le pays à produire des semences biologiques.

Et l'un de nos objectifs, au-delà du fait de produire des semences biologiques, c'était de produire des semences de variétés qui permettent de préserver la biodiversité. Car beaucoup de variétés sont déjà perdues.

Il faut se rendre compte que, quand on a commencé, le débat sur les semences n'existait pas, et les dirigeants du MST eux-mêmes nous prenaient pour des fous de vouloir produire des semences biologiques.

On manquait réellement de soutien.
On a commencé à leur expliquer, en tout cas moi je leur ai dit : Parler de la semence, c'est parler de ma vie. C'est à travers elles qu'on existe, qu'on s'alimente.
Et moi, à cette époque, j'avais déjà ça en moi, l'importance que ça avait réellement et que ça aura dans le futur, cette question de la préservation des semences.
Avec l'apparition du débat sur les plantes transgéniques, le MST a ouvert les yeux.
Ils ont réellement compris que le petit agriculteur, l'*assentado*, le sans-terre, commençait à courir un grand danger s'il ne pouvait plus produire sa propre semence.
Mais comment dire du mal des plantes transgéniques si on n'a pas une contre-proposition ? C'est là que le mouvement a considéré la question des semences comme primordiale et nous a aidés à trouver des moyens pour avancer dans notre projet.
Et aujourd'hui le Mouvement des sans-terre a commencé à dresser le drapeau de la survie, c'est-à-dire de la semence.
Et parfois, dans les médias, au gouvernement, ou dans certaines entreprises, on juge le mouvement, on dit que nous sommes un mouvement terroriste.
Mais quand on enlève au peuple ce qu'il a de plus sacré, c'est-à-dire les semences, ça c'est du terrorisme. C'est vraiment du terrorisme.
Priver les gens de ce qui leur appartient depuis la nuit des temps, c'est les soumettre, les obliger à vous obéir.
Dans cet Etat, si vous interdisez la plantation de soja transgénique, il n'existe pas de semences pour produire du soja traditionnel. Et, selon les données que j'ai entendues, on a déjà planté dans la région plus de 7 000 hectares de soja transgénique. Et on assiste au même processus avec le maïs, les plantes potagères, etc. Pratiquement à chaque heure qui passe, on perd une espèce sur la planète. Les médias parlent de l'extinction d'un insecte, d'un tigre, des animaux qu'on voit. Mais on perd aussi ce qu'on ne voit pas.
C'est comme l'implantation des forêts d'eucalyptus dans la pampa. Tous les chercheurs ayant un minimum de bon sens ont déjà déclaré que la

pampa est le pire endroit pour produire de l'eucalyptus parce que la pampa n'a jamais eu de forêt. Pas loin d'ici, la société Votorantim a acheté une ferme de 14 000 hectares, pour faire exclusivement de l'eucalyptus. L'objectif de ces entreprises de cellulose est d'arriver à 500 000 hectares d'eucalyptus dans la pampa.
Le mouvement MST se bat contre ça. Parce que ce n'est pas viable économiquement, que ce n'est pas tenable pour l'environnement et que ça ne produit pas de nourriture. Un eucalyptus consomme 60 litres d'eau par jour. Alors imaginez, quand ils en plantent 1 000 ou 1 500 par hectare, de combien de milliers de litres d'eau vont avoir besoin ces arbres ! On va avoir un problème environnemental extrêmement grave !
Ça donne envie d'aller chercher une mitrailleuse et de tuer ces gens.
Ça agace. Ils envahissent ton patio, ils ne te demandent pas ton autorisation, ils entrent chez toi et tu dois accepter. Ça non.
Plus que jamais, nous devons nous organiser et entrer réellement en résistance. Parce qu'il n'y a pas d'alternative. On a eu des soutiens, notamment de l'Eglise. La congrégation des franciscains nous aide à préserver la biodiversité des semences et l'implantation de nombreuses variétés. Cette année nous avons eu d'excellents résultats, notamment dans la production de maïs avec des variétés qui font augmenter la productivité. Alors il s'agit de faire un travail sérieux et de montrer aux agriculteurs que ça vaut la peine de produire ces variétés et de les préserver. C'est une bataille qui ne sera pas facile mais qu'il est primordial de mener.
La lutte n'a plus seulement pour objet la terre, mais la résistance de l'espèce humaine, pour une société égalitaire qui soit meilleure pour tout le monde.

Ana Primavesi

ROMPRE LE DEAL ENTRE AGRICULTURE ET INDUSTRIE

Ana Primavesi est docteur en agronomie et en microbiologie des sols. Elle a écrit plusieurs ouvrages clés pour le maintien de la vie des sols et pour une agriculture pérenne, et publié de très nombreux articles scientifiques. Après avoir étudié à l'Université rurale de Vienne, elle s'oppose rapidement aux techniques enseignées en agronomie, leur préférant une relation plus intime avec la terre. Elle préconise des techniques de diagnotic des sols fondées sur l'étude de leur odeur, renseignant sur l'enfouissement de la matière organique, et sur celle de leur texture comme indice de leur équilibre en nutriments. A la suite de la réquisition de ses biens par l'annexion de certains territoires autrichiens à la fin de la Seconde Guerre mondiale, elle quitte l'Autriche et s'installe au Brésil. Elle s'y fait connaître pour ses idées d'avant-garde sur les techniques de gestion des sols. Elle participe à la création du premier diplôme national en gestion écologique des sols et enseigne de nombreuses années à l'Université fédérale de Santa Maria au Rio Grande do Sul, tout en dirigeant le laboratoire de chimie des sols. Ana Primavesi défend une agriculture socialement juste et respectueuse de l'environnement, capable de production à grande échelle : "Il est totalement faux de croire que l'agroécologie ne peut aller de pair avec la production d'aliments en grande quantité." Elle a écrit plusieurs ouvrages clés sur le maintien de la vie des sols et pour une agriculture pérenne dont : Cartilha do Solo ; Agroecologia, Ecosfera, Tecnosfera e Agricultura ; Manejo Ecológico de Pastagens *ou encore* Manejo Ecológico do Solo: a Agricultura em Regiões Tropicais. *Ce dernier est une véritable référence pour tous les scientifiques soucieux de mettre en place les principes de l'agriculture écologique.*

■ J'ai étudié à Vienne. Très vite, j'ai été fascinée par le sol et n'ai plus pensé qu'à ça. Je suis arrivée au Brésil en 1948. Quand mes enfants ont eu environ 7 ans, je me suis mise au travail avec mon mari et, à sa mort, j'ai continué seule. J'écrivais à l'époque un livre sur la gestion écologique du sol, *Manejo ecológico do sol*, qui est d'ailleurs traduit en français.

J'essaie de tout faire pour aider les agriculteurs qui sont réellement des agriculteurs, c'est-à-dire qui aiment l'agriculture. Il faut constituer des noyaux pour tenter de se préparer à la grande catastrophe vers laquelle nous courons, à savoir celle de la pénurie alimentaire généralisée.

João Pedro Stedile :
Si vous pouviez envoyer un message à Lula, que lui diriez-vous de changer au niveau de l'agriculture ?

Ana Primavesi :
Je lui dirais d'accorder plus de valeur aux agriculteurs de petite et de moyenne taille. Parce que les agro-industries ne sont pas durables et qu'elles détruisent tout, à commencer par les sols.

A l'origine, cette agriculture "conventionnelle", c'est un deal entre l'agriculture et l'industrie.

Après la Seconde Guerre mondiale, il restait d'énormes stocks de poisons qui devaient soi-disant tuer des ennemis, mais il n'y avait plus d'ennemis à tuer. Alors ils se sont dit : "Qu'allons-nous faire de tous ces stocks, qui ont coûté très cher ?" L'industrie américaine courait à la faillite, l'Amérique aussi.

Alors ils ont eu une idée fantastique : "Regardez, l'agriculture n'achète pratiquement rien à l'industrie, un petit tracteur de temps en temps, mais rien, quoi…

Nous allons faire un accord, l'agriculture achètera des machines lourdes (les tanks devenus tracteurs), des engrais chimiques (les nitrates des bombes reconvertis en engrais), et des pesticides (les gaz moutardes recyclés), le tout provenant de l'industrie. L'industrie fera d'énormes bénéfices, l'agriculture deviendra déficitaire, mais le gouvernement la renflouera en prenant l'argent des recettes publiques."

Et cela a donné les fameuses subventions.

Cela a très bien marché dans le "Premier Monde" parce qu'il était le propriétaire des industries. Mais ici ça n'a pas marché parce que nous n'avions pas d'industries.

Nous devions importer les machines et les produits chimiques, et pour cela payer des crédits avec des taux d'intérêt de 20 à 25 %.

Le Tiers-Monde se ruinait, croulait sous les dettes.
Ce système, c'était pratiquement une veine ouverte d'où s'écoulait toute la richesse du Tiers-Monde vers le Premier Monde.
Pour nous ce n'était pas un progrès, mais pour eux, oui !
Pendant toutes ces années, l'Amérique était déficitaire mais elle vivait très bien grâce au Tiers-Monde qui devait payer, payer, payer…

L'azote augmente comme le pétrole. Les mines de phosphore s'épuisent, même chose pour le potassium. Que feront-ils quand il y aura plus de 3 milliards d'habitants sur terre et qu'il n'y aura plus d'engrais pour faire pousser les cultures ?

Les OGM, c'est simplement une adaptation des cultures aux terres mortes. Alors je vous demande : est-il vraiment nécessaire de travailler avec des terres mortes ? Non. Ce n'est pas nécessaire.

João Pedro Stedile :
Pensez-vous que le sol produit mieux quand il est travaillé au cheval ?

Ana Primavesi :
Bien sûr, la patte du cheval compacte moins, mais ce n'est pas tant à cause de l'animal que le sol produit mieux quand il est travaillé au cheval, c'est à cause de la moindre profondeur du labourage. Dans le Sud du pays, à 10-15 centimètres de profondeur, le sol est encore vivant, mais au-dessous il est mort. En labourant sur 30 à 40 centimètres, les agriculteurs remontent le sol mort à la superficie, et il se compacte avec la pluie. Du coup, il s'abîme et meurt. C'est cela le pire avec le labour mécanique : il retourne la terre en profondeur. Et retourner la terre n'apporte rien de bon. Comme la vie entre toujours du haut vers le bas et non du bas vers le haut, si une couche vivante se forme à la surface du sol et qu'on retourne la couche morte vers le haut, on recouvre la couche vivante et on tue le sol.

João Pedro Stedile :
Que pensez-vous du programme d'éthanol de Lula ?

ANA PRIMAVESI :
Il est fou. Il est complètement fou.

Dans la région, on cultivait du haricot, du café, du maïs et bien d'autres choses. Maintenant, il n'y a plus que de la canne à sucre pour l'éthanol. C'est une catastrophe. Avec la monoculture le sol devient dur, et plus la terre est dure, moins l'eau y pénètre. Et c'est là le grand problème : sur une terre décompactée et recouverte d'un peu de paille, 400 millimètres de pluie peuvent s'infiltrer en une heure. Sur des sols de monoculture, ce ne sont plus que 7 à 14 millimètres qui s'infiltrent, et le reste s'en va. Au lieu de faire des terrasses ou des écluses qui ne servent à rien, ils feraient mieux d'améliorer la qualité du sol.

Si la pluie glisse et ne donne que des inondations, cela signifie que l'eau ne va plus jusqu'à la nappe phréatique, et qu'elle ne nourrit plus les sources ni les fleuves. Aujourd'hui, le niveau des eaux du sous-sol a terriblement baissé. Les petits fleuves sont asséchés. De ce fait, je crois qu'il n'y a plus trop d'avenir pour notre planète. Nous en sommes pratiquement à la fin. Parce que l'eau se tarit et que, sans eau, rien ne peut vivre.

Les agro-industries ne sont pas durables et elles détruisent la terre.

Dans le monde entier, 10 millions d'hectares se désertifient chaque année. A cette vitesse-là, nous n'en avons plus que pour environ cinquante ans avant que le désert ne s'installe. Et quand le désert commence, après ça va très vite.

Chico Whitaker

LE BOYCOTT, OU LA GRÈVE DES CONSOMMATEURS

Né en 1931, Chico Whitaker a été un militant des mouvements de jeunesse de l'Eglise catholique au Brésil dans les années 1950. Diplômé en architecture (1957), il a collaboré dès cette année-là avec le père Louis Joseph Lebret, fondateur à São Paulo de l'Institut de recherche SAGMACS (Société pour l'analyse graphique et mécanographique appliquée au contexte social). Dans ce cadre, il réalise deux enquêtes sur les niveaux de vie et les structures urbaines des agglomérations de São Paulo et de Belo Horizonte. Il devient directeur technique de cet institut (1962-1963) et participe à l'élaboration de plusieurs plans de développement de différents Etats du Brésil.

Il a alors travaillé dans le domaine de la planification urbaine régionale, et des politiques publiques. De 1963 à avril 1964, il était directeur de la planification de la SUPRA, organisme chargé de la réforme agraire au Brésil jusqu'au coup d'Etat militaire.

Il quitte le Brésil en 1966, et s'exile en France pour quinze ans. Il y a enseigné dans un institut de formation de cadres pour le Tiers-Monde (IRFED), a travaillé au Comité catholique contre la faim et pour le développement (CCFD). Il a également été consultant pour l'Unesco, et a coordonné un projet de la Conférence nationale des évêques du Brésil. Au Chili, il a travaillé aux Nations unies (CEPAL), durant le gouvernement Allende.

De retour au Brésil en 1981, il est l'assistant du cardinal archevêque de São Paulo, dom Paulo Evaristo Arns. Il s'implique dans l'organisation des mouvements de solidarité parmi les chômeurs. Il a été élu à la Chambre des députés municipaux de São Paulo pour le Parti des travailleurs (PT), pendant deux mandats (1988-1996). En 1996, il a pris en charge le secrétariat de la commission brésilienne Justice et Paix, fonction qu'il a assurée jusqu'en 2003. Cette année-là, il reçoit la médaille de vermeil de la ville de Paris en hommage à l'action qu'il a menée tout au long de sa vie en faveur d'un monde plus solidaire.

En 2001, à Porto Alegre au Brésil, Chico Whitaker participe à la fondation du premier Forum social mondial.

En janvier 2006, il démissionne du Parti des travailleurs en désaccord avec sa politique et les dérives éthiques qui ont marqué le mandat de Lula à la présidence de la république du Brésil. En septembre de la même année, Chico Whitaker est devenu lauréat d'honneur du prix "Right Livelihood Award", c'est-à-dire le prix Nobel alternatif.
Francisco Whitaker Ferreira est toujours membre du comité d'organisation du Forum social mondial en tant que représentant de la commission brésilienne Justice et Paix (CBJP).

■ Si on demande aux gens si un autre monde est possible, une bonne partie de l'humanité va dire que non, que non seulement ce n'est pas possible, mais pas nécessaire.
Quelle partie ? La partie qui vit bien, qui est installée confortablement, qui a de quoi manger, un travail…
Dans les pays européens, grosso modo 80 % de la population est constituée par ce qu'on appelle la classe moyenne, et 10 % par des gens très riches. Les 10 % restants sont les exclus, mais les exclus du Premier Monde vivent beaucoup mieux que les exclus du Tiers-Monde.
Cette majorité de gens, cela ne les intéresse pas de changer la société. Ce qui les intéresse, c'est leur carrière personnelle, gagner plus d'argent, gravir les échelons de la société et qui sait, un jour, devenir très riches.
Alors je crois que c'est des pays où l'on vit le plus dramatiquement la folie du monde que viendra nécessairement la proposition de changement.
Depuis la fin de la guerre froide et de la tragique expérience socialiste, les gens des pays riches pensent que la seule solution capable de résoudre les problèmes, c'est l'offre et la demande, le marché, la consommation.
Mais ce n'est pas non plus une solution car, si vous produisez quelque chose que nous ne réussissez pas à vendre, vous entrez en crise. Et toutes les grandes crises sont venues du manque d'acheteurs, parce que les choses ne sont pas fabriquées pour répondre aux besoins, mais pour faire de l'argent. Et le monde est dominé par l'idée que plus on consomme, mieux c'est.
L'ouverture des frontières n'est pas faite pour qu'il y ait des biens pour tous, mais pour qu'on puisse vendre des marchandises en plus grandes quantités dans plus de pays.

Prenez le cas du Brésil, où nous vivons, selon moi, un véritable drame national. Pendant vingt ans, nous avons lutté contre la dictature. Puis le pays s'est démocratisé au point d'élire un président de la République qui est un ex-tourneur d'une usine automobile, qui vient d'un des coins les plus pauvres du Brésil. Eh bien, même lui s'est conformé au système et est devenu, avec son parti, le grand champion de la croissance économique. Il pense que, si la richesse du pays augmente, il y aura des retombées pour tout le monde. Or, il se trompe complètement. La croissance, dans le capitalisme, ne distribue pas les richesses, elle les concentre. Lula n'a pas compris que plus la richesse croît, plus il y a de pauvreté. Il met donc tout au service de la croissance, y compris l'agriculture.

Il considère que le pays doit produire pour exporter, exporter à tout prix, de la canne à sucre, de l'eucalyptus, du soja, même si le soja est transgénique, même si tout cela fait mourir la forêt amazonienne. Peu importe, du moment qu'on exporte. Ce qui l'intéresse, c'est de gagner de l'argent, d'augmenter le produit intérieur brut du Brésil, et non de développer le pays.

Au Brésil, environ 200 des 500 députés du Congrès sont liés à l'agro-business, et défendent l'agriculture d'exportation des grandes plantations. Ils ne donneront donc jamais à Lula l'autorisation de faire passer des mesures qui aillent contre leurs intérêts. Lula se retrouve ainsi prisonnier du système et se transforme en gérant du système sans le remettre en cause.

Mettre en question les origines du système, faire comprendre que c'est un système suicidaire qui accélère la pauvreté, c'est la grande lutte à mener dans le monde entier.

Le nouveau système n'apparaîtra pas d'un seul coup. La société va changer au fur et à mesure. Mais pour l'instant, elle ne s'est pas encore réveillée. On n'a même pas commencé à prendre conscience du pouvoir que détient le consommateur, le pouvoir du boycott. On n'a pas encore compris qu'on pouvait utiliser ce pouvoir non seulement pour obtenir des produits moins chers ou écologiquement bons, mais pour changer la société. Il faut passer de la citoyenneté active à la citoyenneté active et solidaire, c'est-à-dire par exemple boycotter les entreprises qui donnent de l'argent pour fabriquer des armes, ou celles qui exploitent d'autres pays dans le monde.

C'est un nouveau genre de grève, qui n'est plus la grève des machines, mais la grève de la consommation. Le consommateur c'est lui le patron, car le pire qui puisse arriver à une entreprise, c'est de ne pas vendre.

Et c'est ce qui donne au consommateur un pouvoir considérable.

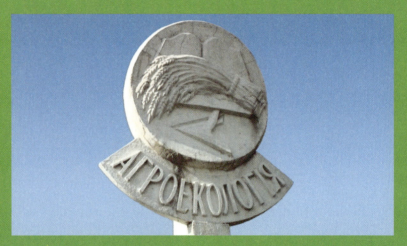
Agroécologie.

RECETTES FACILES POUR L'AGROÉCOLOGIE CHEZ SOI OU DANS LES CHAMPS, EXPÉRIENCES D'UKRAINE

A l'époque de l'URSS, Semen Antoniets était directeur d'un kolkhoze en Ukraine, ces fermes collectives d'Etat de plusieurs milliers d'hectares. Après la guerre, avec la révolution agricole et industrielle, Moscou lui envoie des produits à mettre dans les champs (dont du DDT) afin de prémunir les plantations contre les maladies, et d'augmenter les rendements. Les femmes qui s'occupent traditionnellement de la terre et des plantations ont donc répandu ces poudres "miracles" et Semen Antoniets les a vues tomber malades et développer de graves maladies de peau.

Il a ainsi décidé que, "de son vivant, personne n'utiliserait plus ces produits" et a consacré toute son intelligence et son énergie à développer des techniques culturales respectueuses de la santé des kolkhoziens et de la terre qui les nourrit. A l'époque les autorités ont accepté son choix, à condition qu'il tienne le plan. En agriculture bio, non seulement il a tenu le plan mais avait souvent les meilleurs rendements du district.

La qualité de ses produits est très appréciée et ses terres ne souffrent pas des aléas climatiques, comme la sécheresse ou les inondations, contrairement aux autres champs traités devenus durs comme de la pierre.

Aujourd'hui, entrée dans un système libéralisé, sa ferme s'étend sur 8 000 hectares et a été certifiée bio par ECOCERT depuis 2006, avec l'aide d'une société franco-ukrainienne, BETEN International, qui aide à faire connaître l'œuvre de Semen Antoniets en dehors des frontières de l'Ukraine. Par son œuvre, il démontre que l'agriculture biologique peut se pratiquer à grande échelle, dans le cadre d'une agriculture dite "professionnelle", avec des résultats aussi bons que ceux de l'agriculture conventionnelle.

Il est également professeur ès sciences de l'Institut agraire de Poltava, a été cité comme Héros de l'Ukraine et décoré de l'Ordre d'Etat.

SEMEN ANTONIETS

■ Autour de notre exploitation, les champs sont traités par la chimie. Mais nous, on n'utilise ni la chimie ni les engrais minéraux synthétiques. Et notre exploitation donne des rendements pas plus mauvais qu'à côté, même s'ils ne sont évidemment pas aussi élevés que les leurs. Mais le développement de notre exploitation est constant. Et, si un jour il n'y a plus de produits chimiques, ces fermiers qui font de l'agriculture intensive ne pourront plus cultiver leur terre. Tandis qu'avec l'agriculture biologique, on aura toujours de quoi manger.

Cela fait trente-trois ans que nos champs ne reçoivent pas de traitements chimiques et qu'ils n'ont pas connu de labour. On travaille le sol en surface en laissant un résidu de paille ou de maïs, et de temps en temps on sème de l'herbe pour fertiliser le sol. Nous avons ainsi reconstitué la fertilité du sol par voie naturelle. L'automne dernier par exemple, on a semé du blé dans la luzerne, et c'est un mélange tout à fait équilibré en protéines pour nourrir le bétail. C'est ce type de culture qu'il faut donner à la terre pour la fertiliser. C'est ce qu'on appelle de l'engrais vert. Quand on est conscient de la valeur de la terre, on ne regrette pas de lui consacrer une récolte tous les trois ou quatre ans.

La terre donne la vie. On ne peut pas la violer ni la détruire, il faut la respecter comme une mère. Elle est vivante. Elle est habitée par plusieurs types d'organismes vivants. Il y a ceux qui vivent dans la première couche de l'humus, qui ont besoin d'air pour respirer, et ceux qui vivent beaucoup plus en profondeur et n'ont pas besoin d'air. Ceux qui se trouvent dans la couche superficielle du sol sont comme une usine qui produit de l'alimentation. Et ceux qui se trouvent au-dessous constituent une réserve, comme le stock de fertilité de la terre. Ceux-là ne sont pas adaptés à la vie en surface et ils meurent si on les fait remonter en labourant et en retournant la terre. Il est donc mauvais de labourer la terre. Et de toute façon on n'en a pas besoin. Les gens pensent souvent que si la terre n'est pas labourée, avec le temps, elle devient très dure en profondeur. Un terrain qui n'est pas labouré pendant cinq ans voire plus donne l'impression d'être dur. Mais c'est faux. En réalité cette terre abrite des vers, des racines profondes qui se transforment, il y a donc une capillarité du sol, une structure verticale qui se met en place. Ce sol retient mieux l'humidité, est capable de la stocker et de la redistribuer de manière homogène. Notre premier principe est donc de ne pas labourer la terre, le deuxième d'apporter au sol des engrais organiques – le fumier qu'on obtient avec l'élevage et la biomasse, l'engrais végétal.

En 1941, mon père est parti à la guerre et n'en est malheureusement pas revenu. Ma mère, mes deux sœurs et moi sommes restés seuls. A l'époque, les kolkhoziens n'avaient pas de papiers, on ne leur donnait pas de passeport pour circuler. On était un peu méprisés mais on faisait notre travail. Dans la deuxième moitié des années 1970, on a connu le début d'une politique d'agriculture intensive qui préconisait l'utilisation d'herbicides pour lutter contre les mauvaises herbes. On a bien sûr appliqué ce qu'on nous imposait. Et on a commencé à voir des gens contaminés par cette chimie. Leurs mains étaient blessées, pleines de plaies. C'étaient surtout les femmes qui souffraient, car elles travaillaient en contact direct avec les herbicides pour les préparer et fabriquer les mélanges. Quant à la machine qui épandait les produits, elle était tout le temps en panne, donc elle s'arrêtait, mais le liquide chimique continuait à couler sur le sol, et après, pendant des années, on ne voyait plus rien pousser sur les endroits où il y avait eu ces écoulements excessifs d'herbicides.

C'est à ce moment-là, en 1978, que j'ai rassemblé tout le monde et que j'ai donné ma parole aux kolkhoziens qu'on n'utiliserait plus jamais d'herbicides. On a décidé de cultiver en bio, de n'utiliser que des engrais organiques et de travailler le sol de façon écologique. J'ai commencé à me rendre à des congrès écologiques, à coopérer avec des scientifiques, et grâce à cela j'ai pu enrichir ma propre expérience pour produire sainement. Parce que notre priorité, ce n'est pas la production, c'est l'homme, sa santé, la société, et toute la terre. C'est devenu ma vie, c'est devenu ma philosophie.

Au départ, on avait 3 500 hectares. Et, au moment de la réforme foncière, des gens sont venus nous voir avec leurs parcelles et m'ont prié de les prendre en location. Aujourd'hui, nous cultivons 8 000 hectares avec 450 employés.

Entre les trois villages, cela fait 2 500 habitants. Il faut créer des conditions de vie attractives pour les villageois, pour qu'ils aient envie de rester dans les villages, proches de la terre, et qu'en plus de l'agriculture, il y ait aussi de l'artisanat.

VASILIY LOUBENIETS

■ Mon père et mon grand-père étaient employés du kolkhoze. A l'époque, on pratiquait l'agriculture intensive. Depuis trente ans que M. Antoniets est directeur de cette exploitation, on est passés à l'agriculture bio et on n'a plus utilisé la charrue. On travaille nos sols à une profondeur d'environ 12 centimètres, ce qui donne un sol aéré et avec une bonne capillarité verticale. Cela fait quinze ans qu'on n'utilise plus d'engrais minéraux. Chaque année, on apporte sur nos champs 70 000 tonnes de fumier sur 8 000 hectares. Le fumier, une fois intégré dans le sol, se décompose. S'il pleut, cela accélère la décomposition et, s'il y a du soleil, cela ne craint rien parce que l'humidité reste dessous. On apporte surtout le fumier dans les champs les plus proches de la ferme. Ceux qui sont plus éloignés, on les fertilise avec de l'engrais vert. Et on peut le faire parce que nous avons 4 000 vaches, 1 000 porcs, 100 chevaux et quelques agneaux. Il existe un lien entre le monde végétal et le monde animal. La terre sans les animaux n'est pas la terre, et les animaux sans la terre ne sont pas les animaux. La vache ne donne pas seulement de la viande ou du lait, elle donne aussi du fumier, qui est l'engrais du sol. C'est une très grosse erreur de considérer que l'agriculture doit être séparée de l'élevage.

Aujourd'hui, en Ukraine, 30 à 45 % des surfaces exploitées sont consacrées à la culture du tournesol, parce que, comme l'huile se vend cher, c'est une culture rentable. Mais c'est une culture qui pompe toutes les ressources de la terre, comme le maïs ou la canne à sucre. Nous ne semons pas plus de

5 à 7 % de tournesol. Et, quand on le récolte, on sème de l'engrais vert pour laisser la terre se reposer un an afin qu'elle puisse récupérer ses forces après s'être épuisée. On dit que ce n'est pas bien de ne pas travailler la terre, mais la terre, ça lui fait du bien de ne pas être cultivée de temps en temps. Dans ce monde, il y a deux choses très importantes. La terre qui est notre mère, et la mère. Il y a une liaison très forte entre une maman et la terre, c'est une liaison pour la vie, pour la continuité de la vie. S'il n'y a pas de terre, il n'y a rien à manger. S'il n'y a pas de mère, il n'y a pas de générations futures.

DEUX VILLAGEOIS AUTONOMES

■ LE PAYSAN : Notre potager fait 6 000 mètres carrés. On cultive des pommes de terre, des tomates, des carottes, des oignons, des choux, des poivrons, des courgettes et de la betterave fourragère. La terre est fertilisée grâce au fumier, sans engrais minéraux. Et on travaille le sol en restant en superficie. Ce qu'on récolte avec ce potager nous suffit à nourrir toute la famille, c'est-à-dire mes parents, ma femme, ma fille, ma sœur et moi. On utilise la betterave fourragère et notre excédent de pommes de terre pour alimenter les porcs et la vache. S'il nous reste des carottes, on les utilise pour nos dindons, nos dindes, nos poulets et nos poules. Le lait qu'on produit en plus, on le donne à l'usine à lait, et le foin est fauché sur des prairies. Donc on fonctionne en autarcie.
On produit 100 % de notre alimentation. Pendant l'hiver, on se nourrit de tout ce qu'on stocke dans nos magasins souterrains ainsi que de conserves qu'on prépare. Si jamais il nous manque quelque chose, on va le chercher dans d'autres régions. Je laisse 10 % du potager se reposer, et je pratique la rotation : je ne cultive jamais la même chose au même endroit. Je fais pousser aussi de l'herbe fourragère pour nourrir les vaches, dont j'utilise le fumier comme engrais. C'est ma femme et ma mère qui s'occupent le plus du potager au quotidien. Je donne un coup de main pour arroser ou quand on doit

planter quelque chose dans un délai bref, histoire d'être plus nombreux et d'aller plus vite.
Ce sont les femmes qui s'occupent le plus du potager, surtout du binage. Mais on plante tous ensemble. On sélectionne nous-mêmes 99 % de nos semences. On a juste essayé les concombres hybrides, pour voir ce que ça donne, mais c'est tout.
La sélection des semences, on s'en occupe ensemble. C'est un travail qui demande du temps et qui est assez minutieux. On laisse grandir les plantes, les légumes ou les fleurs, jusqu'à obtenir la graine et on les récolte. Si c'est des légumes, on les laisse grandir jusqu'à ce qu'ils deviennent trop mûrs et jaunissent, on les découpe, on leur enlève les graines, on les trempe dans l'eau pendant un certain temps et après on les sèche, puis on les stocke jusqu'au moment où les graines doivent être semées. Le problème avec les semences qu'on achète, c'est qu'on ne sait jamais ce qu'on achète. Là, on connaît nos légumes, nos produits.

LA MÈRE DU PAYSAN : Je prends le tout premier légume, donc le plus gros et le plus beau. Il faut qu'il soit beau. Ensuite on le sèche pour éviter que ça moisisse et pour permettre de le conserver. Il ne faut pas le sécher sur quelque chose de trop chaud, parce que sinon ça cuit et ça détruit la semence. Ensuite on stocke les graines au grenier, en attendant la saison des semailles. J'ai constaté que plus la semence est stockée, mieux elle donne après. Plus elle est vieille, meilleur est le résultat. Bien sûr, les conditions de stockage sont importantes. Il faut que ça soit bien séché au départ, et que les semences soient stockées au sec. Parce que sinon ça pourrit. Les semences qui sont vendues dans le commerce ne donnent jamais d'aussi beaux résultats que nos propres semences. Au moment de semer, on vérifie qu'il n'y en a pas de pourries ou de perdues. Ensuite, on fait un test. On en met un petit peu dans l'eau et on voit si ça germe, ou on en met dans la terre et, si ça pousse, c'est que c'est de la bonne graine. Et alors on sème.

Avec les hybrides qui sont vendus dans le commerce, on ne peut plus reproduire nos semences. Les semences de concombre que j'ai sélectionnées moi-même poussent très bien et donnent de très beaux légumes. Mais les semences hybrides que j'ai achetées, j'ai dû les replanter deux fois.
On vit à l'époque du tout moderne, mais nous, on a suivi le chemin de nos parents.

Antoinette Fouque

LES FEMMES ANTHROPOCULTRICES

Antoinette Fouque est née le 1er octobre 1936 à Marseille, d'un père corse et d'une mère italienne. Après des études de lettres modernes, elle entreprend une thèse avec Roland Barthes et suit une formation analytique avec Jacques Lacan. En octobre 1968, elle cofonde le Mouvement de libération des femmes (MLF) et crée le groupe de recherche Psychanalyse et Politique. Ses positions originales sur la différence des sexes et ses concepts, tels la libido creandi, *le matérialisme charnel, la géni(t)alité des femmes, sont venues enrichir la pensée contemporaine. En associant d'entrée procréation, création et libération des femmes, elle a développé un nouveau modèle postféministe et paritaire, et a multiplié les lieux et organismes dédiés à la cause des femmes. En 1973, elle crée les éditions Des femmes qu'elle accompagne de librairies du même nom. Elle publie des journaux (*Le Quotidien des femmes, *1975,* Des femmes en mouvements, *1977-1982), fonde l'Institut de recherche en sciences des femmes – Collège de féminologie (1978), et diverses ONG dont l'Alliance des femmes pour la démocratie (1989), l'Observatoire de la misogynie (1989), le Club parité 2000 (1990), ainsi que l'espace Des femmes – édition, librairie, galerie (2007).*

Docteure en sciences politiques, directrice de recherches à l'université Paris-VIII, elle est députée européenne de 1994 à 1999 (Commission des affaires étrangères, des libertés publiques, des droits de la femme [vice-présidente]). Elle initie de nombreuses actions de solidarité avec des femmes en danger dans le monde et participe aux grandes conférences des Nations unies des années 1990, notamment au Sommet de la Terre à Rio (1992) et à la Conférence de Pékin sur les femmes (1995) où elle représente l'Union européenne. Elle est membre de l'Observatoire de la parité (2002-2009). Elle tient des séminaires et donne des conférences dans le monde.

■ Nulle part on ne considère que les femmes sont des *productrices de vivant*, des *anthropocultrices*. Gestation après gestation, génération après génération, elles sont créatrices de culture en même temps que de l'espèce humaine. Mais cela n'est pris en compte dans aucune statistique d'évaluation des richesses. Depuis au moins deux cents ans, nous sommes engagés dans un processus de dématérialisation constant. C'est ce qui fait que l'on peut envisager aujourd'hui la suppression de l'utérus et l'invention d'un utérus artificiel. C'est là que les religions monothéistes, matricides, et la technophilie dématérialisante se rejoignent pour que l'homme, représentant seul l'ensemble de l'univers pensant et de l'humanité, se débarrasse complètement de la chair, de la matière, des femmes, et pourquoi pas de la terre, puisque les plantes aujourd'hui peuvent pousser sans terre et les animaux, par clonage, être reproduits de la manière la plus dématérialisée qui soit.

Lacan, à la suite de Freud, a formulé qu'il n'y a qu'une libido, phallique. Dès les premières réunions du MLF, en 1968, j'ai affirmé que les deux sexes sont symbolisables et qu'il existe une autre libido que j'ai appelée *libido 2* ou *libido creandi*, celle à l'œuvre dans la gestation, une *libido matricielle, utérine*, qui est le paradigme de la capacité à recevoir, à accepter, à donner lieu, à donner temps au corps étranger, à l'Autre.

L'émancipation programmée des femmes va vers une stérilisation et un alignement sur le modèle masculin, c'est-à-dire libéral et capitaliste, qui fait que demain ce sont les sociétés les plus pauvres qui serviront de matière humaine à l'humanité riche et stérile. Mais les pauvres ne seront pas considérés pour autant comme féconds. Ils seront simplement de la chair non pensante à qui on peut acheter des enfants ou des organes. Quand on parle, pour une mère de substitution, de mère biologique, c'est un non-sens. L'espèce humaine n'est jamais purement biologique, elle est biopsychique. Les femmes sont non seulement des reproductrices mais des *anthropocultrices*. A chaque génération, elles affinent le génie de l'espèce humaine – la pensée, l'inconscient, le langage. Donc on ne peut pas parler de gestation biologique d'un côté et de mère adoptante de l'autre. Le géniteur et la génitrice donnent les codes génétiques, la gestatrice donne son environnement vivant, actif et nourricier, plus l'inconscient, l'empreinte humaine. On veut faire passer au Sénat une loi disant que la vraie mère, c'est la mère adoptante. Mais qu'est-ce que ça veut dire ? Le vrai serait coupé du réel, dématérialisé. C'est impossible !

Il y a ainsi de la perversion à l'origine de toutes les philosophies politiques, économiques, et je dirais même écologiques, qui ne veulent pas tenir compte du fait que l'humain crée, procrée, invente à chaque enfant qui naît de lui, et que c'est une tâche qui incombe majoritairement aux femmes. Les femmes sont des *archivistes de l'espèce*. Elles sont le lieu, la *chair pensante* d'une archéologie vivante. Et, quand on oublie cette richesse première qu'est la *chair pensante*, tout calcul révolutionnaire ou conservateur est incomplet et pervers. Alors que si on pense les choses en termes non pas de révolution, mais d'évolution et de transformation, on sort de l'affrontement et des luttes fratricides. On introduit une variable radicalement différente et que toutes les économies jusqu'ici ont oubliée – ce qui explique qu'on n'arrive pas à penser et qu'on tourne en rond. C'est la mémoire, la gratitude du don de vie. Se souvenir, remercier et penser. En allemand et en anglais, c'est un seul et même mot : *thank* et *think* en anglais, *danken* et *denken* en allemand. Tout cela n'a pas lieu sans les hommes, ce n'est pas une exclusion, mais c'est un mode d'engendrement et d'économie autre qui relève du don plutôt que du profit et de la capitalisation.

L'économie du profit et de la capitalisation est une économie de gaspillage, masculine. On sème à tout vent du sperme, qui se perd à chaque éjaculation. On le gaspille comme on gaspille les ressources. Mais les spermatozoïdes ne sont féconds que dans un corps de femme. C'est la rencontre avec l'autre qui fait que cette production du corps est riche de vie à venir. Et on pourrait le dire de tout échange : entre Nord et Sud, riches et pauvres, hommes et femmes, entre deux cultures. S'il n'y a que de l'un, s'il n'y a que des hommes au monde, s'il n'y a que le modèle occidental, s'il n'y a que le capitalisme et l'hyperlibéralisme comme modèle de production de richesses avec marchandisation du vivant, banques d'organes et bientôt banques d'enfants, il y a stérilisation.

Quand il était question de réguler les flux migratoires, Michel Rocard avait dit : "On ne peut pas accueillir toute la misère du monde", comme une femme pourrait dire : Je ne peux pas accueillir tous les spermatozoïdes de mon mari. Et les gens qui étaient pour l'hospitalité absolue et l'ouverture totale des frontières avaient rétorqué : "Un émigré si je veux, quand je veux." Or, quand une femme dit : "Un enfant quand je veux, si je veux", c'est pour limiter les naissances, et quand ils ont dit : "Un émigré si je veux, quand je veux", c'était pour illimiter l'immigration. Donc on voit que si les gens ne pensent pas la question de *l'hospitalité charnelle*, de la limite procréatrice d'un corps, de la capacité à donner la vie pas seulement charnelle mais psychique, ils se retrouvent soit à l'extrême droite pour le contrôle absolu des frontières et le non-contrôle des corps, soit à l'extrême gauche pour l'ouverture absolue des frontières et une dérégulation que les pays développés ne peuvent pas assumer.

Cet impensé de la *production de vivant* et de la création de l'espèce par l'espèce conduit à oublier l'apport que représentent les femmes pour l'humanité. La plupart du temps, cela joue même contre elles. Pour limiter la surpopulation, on sacrifie les femmes et, plus exactement, les petites filles. Parce que toutes les économies, de droite comme de gauche, sont phallocentrées, et qu'au centre de leur désir est toujours programmée la disparition des femmes. L'année du dragon, en Chine, il n'y a eu que des fils. Donc les filles vont manquer. Elles manquent déjà. Mais on a continué à les sacrifier. En Inde, même chose, puisque la structure ancienne veut que le fils prenne en charge la famille et représente la permanence du phallocentrisme. On voit comment la technologie avancée de l'échographie alimente, dans ces pays, la structure symbolique la plus matricide et archaïque. Amartya Sen, prix Nobel d'économie, a mis en évidence, dès 1991, que plus de 100 millions de femmes manquent à l'appel au recensement de la population mondiale, quand on applique à l'ensemble du monde le sex-ratio des pays développés. Un *gynocide* permanent – comme je l'ai nommé –, dû aux discriminations, mutilations et à toutes les formes de violence à l'encontre des femmes. Depuis, ce *gynocide* continue à se perpétrer dans la plus grande indifférence.

Le génie de l'espèce est entre les mains, la conscience, le cerveau, le cœur et l'utérus des femmes. Sans exclure les hommes, bien sûr, s'ils le comprennent. La notion de progrès en Occident et dans le monde entier, c'est de maîtriser la fécondité et d'individualiser les femmes, c'est-à-dire d'en faire des individus. Or l'individu, il est indivis, il ne se divise pas. Et la procréation, justement, c'est la division ou la multiplication. Le corps se divise en deux, le corps produit un autre corps. Donc le comble de l'individualisme, c'est le féminisme égocentrique, à la manière occidentale ou libérale. Pour toute l'extrême gauche, une femme est un homme comme un autre. Mais moi j'ai toujours dit que les femmes étaient trois fois travailleuses. Elles produisent des richesses, pour le capital, elles font le travail domestique (notamment de prise en charge des enfants) et elles font les enfants. Et ça, c'est le travail fondamental, puisque, si elles ne renouvellent pas l'humanité, il n'y a plus d'humanité. Pourtant, il y a encore des patrons qui licencient des femmes enceintes. Et ce corps maternel, le premier environnement de l'être humain, est corvéable à merci, maltraité et massacré, et le plus souvent pendant les grossesses. J'ai notamment eu l'occasion de réaffirmer cette idée en 1992, au Sommet de la Terre de Rio de Janeiro, où plus de 400 ONG de femmes ont mis en évidence que le modèle de développement dominant est une menace non seulement pour la planète, mais pour l'espèce humaine. J'y ai développé que le corps, la chair des femmes est le premier environnement – le premier monde accueillant ou rejetant, le premier milieu naturel et culturel, physiologique, mental, charnel, verbal, inconscient – où se forme, se crée et grandit l'être humain, où l'espèce humaine se génère. J'ai dit là que le génie, la génitalité, la génialité étaient à reconquérir, et que c'était là l'enjeu du XXIe siècle.

Le mal qui frappe l'humanité, c'est que, représentée par les seuls hommes, elle s'est amputée de la moitié de son espèce, c'est-à-dire des femmes. Et ce, par envie. Car je mets à l'origine de cette violence contre les femmes l'*envie d'utérus*. Bien plus puissante que l'envie de pénis martelée par Freud, c'est elle qui fonde la misogynie, l'envie du mâle devant la capacité procréatrice des femmes. Je n'ai cessé de dégager les implications politiques et psychanalytiques. Cette analyse a été pour partie reprise par l'anthropologie contemporaine. Ce n'est pas pour rien que les hommes de génie se fantasment toujours comme accouchant d'une œuvre géniale, c'est-à-dire génitale. Et cette violence contre les femmes, qui naît de l'envie première d'utérus, c'est le péché capital de l'espèce humaine, car elle détruit le lieu d'où elle vient. De même qu'on détruit la terre, d'où nous vient pourtant la possibilité de nous nourrir, et qu'on continue à imaginer qu'on s'en passera en faisant des légumes et des arbres sans terre, des enfants sans utérus, des animaux sans mère. Toute cette option technologique et métaphysique est matricide, parce que *mater*, c'est à la fois la matière et la mère. L'espèce humaine est en danger parce que les femmes sont en voie de disparition. L'homme détruisant la mère et les femmes se détruit et détruit l'espèce. Et, quand il y a violence contre une femme, ce qui est visé, c'est sa vie. Le continuum des actes de violence, de l'injure à la mort, vise la mort. Ce qui est tragique, c'est que l'extermination des femmes est programmée et qu'elle n'est pas encore perçue. Elle n'est pas vue, on n'a même pas le droit d'en parler. Depuis quarante ans, les femmes ont acquis les moyens de s'exprimer, de penser. Cependant, on ne les convie pas à s'exprimer en public, car c'est comme si, quand elles ouvraient la bouche pour parler de n'importe quoi, elles levaient le voile sur ce meurtre initial, ce massacre, ce sacrifice de la matière et de la mère. C'est l'interdit majeur, le tabou absolu. On a l'impression d'être dans un pays sans créatrices, sans intellectuelles, sans architectes. Plus nous progressons, plus nous sommes invisibles, ce n'est pas incroyable, ça?

La misogynie n'a jamais été aussi délibérée, réfléchie, puissante, programmée. On est dans une inversion non pas de la nature, mais du réel. Le réel, c'est que ce sont les femmes qui ont la plus grande responsabilité et la plus grande compétence du côté de la vie. Or la pulsion de vie est entièrement maîtrisée par la pulsion de mort du mâle. Mais les gens n'en ont pas conscience parce que c'est une perversion jouissive, avec quelque chose de l'ordre de l'autodestruction jouissive. En détruisant la planète et les femmes, l'homme se détruit. A se contempler, Narcisse finit par tomber et mourir. Et c'est un mythe dominant en ce moment dans l'espèce. Les hommes veulent en arriver au clonage, parce qu'il n'y aura plus que moi, *me, ego and myself*, à l'infini. L'homme qui imagine le monde finit par s'imaginer sans le monde, sans rien, aucune alternative, aucune altérité, aucun autre, dans une sorte d'égocentrisme paranoïaque et exterminateur. La vraie altérité n'est pas pensée. Les penseurs de l'altruisme, qui essaient aujourd'hui de renverser les principes d'une économie égoïste, individualiste et capitaliste en une économie de l'hospitalité, du don et du partage, ne remontent jamais jusqu'à la source qui est le don de vie. Jamais ils ne parlent de l'*hospitalité charnelle*, à l'origine de la naissance. Et c'est ce non-lieu de l'espèce qui fait qu'elle erre et se dématérialise de plus en plus. Parce qu'elle est déracinée de sa propre origine, de sa propre mémoire.

Je ne sais pas si ça sera la solution miracle, mais il n'y aura pas de solution si les hommes ne comprennent pas que l'équilibre démographique, à savoir l'affrontement de la surproduction des uns, peu nombreux, avec la surpopulation des autres, passe par les femmes. La manière dont ils posent les problèmes ne permet pas de les résoudre parce qu'ils les posent sans la question des femmes et sans les femmes. Il faut que les femmes parlent des problèmes d'hommes et de femmes, comme eux parlent des problèmes d'hommes, de femmes et d'enfants.

Il ne peut pas y avoir d'équilibre démographique sans développement humain, c'est-à-dire alphabétisation des femmes, apprentissage de la connaissance élémentaire du corps, de la contraception et de la régulation de la fécondité. Je ne dis pas maîtrise de la fécondité, car je n'aime pas ce terme qui induit une fécondité qui reste esclave des politiques démographiques, qu'elles soient natalistes ou malthusiennes. *Tota mulier in utero*, toute la femme dans l'utérus, c'est l'asservissement de la femme. *Tota mulier sine utero*, toute la femme sans utérus, c'est la vision féministe castratrice et stérilisante, telle que l'ont aussi défendue les politiques d'avortement et de stérilisation du Tiers-Monde mises en place par les Etats-Unis. En revanche, si les femmes, avec les moyens techniques dont elles disposent, arrivent à penser leur fécondité et à la réguler, il y a une économie du vivant, du vivant pensant, qui se met en place. Et tout cela ne marche qu'avec une éducation des filles qui n'est pas évidente. Si 75 % des très pauvres dans le monde sont des femmes, 75 % des analphabètes le sont aussi. Et ce n'est pas parce que ces femmes sont bêtes, mais parce qu'on leur interdit d'apprendre à lire et à écrire. Pour qu'elles restent esclaves. Toutes les études montrent que lorsqu'elles ont accès aux études, de l'école primaire à l'université, les femmes ont de meilleurs résultats que les hommes. Ils croient qu'ils vont pouvoir faire perdurer ce système encore assez longtemps pour être les maîtres du monde et régner seuls. Non. Il y aura un moment où le peuple des femmes, armé ou pacifique, leur fera entendre raison.

Prendre le pouvoir tel qu'il est n'a pas d'intérêt. En revanche, le transformer par une présence massive et solidaire, je ne désespère pas que cela arrive. On dit toujours que le verre est à moitié vide ou à moitié plein. Je crois qu'il est quand même à moitié plein. Quarante ans se sont passés, et nous n'avons pas lâché nos outils, moi, la parole et l'action politique. Là est notre victoire. A nous d'être solidaires de toutes celles qui n'ont ni les outils, ni la parole, ni la pensée. Cette alliance n'est pas faite, mais elle doit se faire. Au fond, on pourrait reprendre cette locution populaire : tant qu'il y a de la vie, il y a de l'espérance. De l'espoir, je ne sais pas, mais de l'espérance sûrement.

Jean-Claude Michéa

PETIT EXERCICE DE DÉCONSTRUCTION DE LA PENSÉE LIBÉRALE, GROSSE CURE D'ÉTHIQUE : LE DON CONTRE LE DONNANT-DONNANT

Né à Paris en 1950, Jean-Claude Michéa enseigne la philosophie au lycée Joffre, à Montpellier. Formé dans la tradition communiste (il militera au PCF jusqu'en 1976), il s'en éloigne progressivement au profit d'une critique plus radicale et plus cohérente du système capitaliste. Ce système, en effet, ne peut plus être considéré – selon lui – comme un simple mode de production économique (dont on pourrait éventuellement "réguler" les "excès"); il constitue en réalité un "fait social total", dont la logique commande tout autant nos manières quotidiennes de vivre que notre imaginaire collectif (par exemple la mythologie du "Progrès") ou notre rapport à la nature. C'est, en dernière instance, dans cette complémentarité structurelle du libéralisme économique (traditionnellement situé "à droite") et du libéralisme politique et culturel (traditionnellement situé "à gauche") qu'il faut donc chercher, selon Michéa, la clé des impasses politiques du temps présent. Proche du MAUSS (Mouvement anti-utilitariste en sciences sociales), Jean-Claude Michéa a également contribué à faire connaître en France les œuvres de George Orwell et de Christopher Lasch.

■ Une question que se posent de plus en plus de gens dans le monde entier, et particulièrement dans les classes populaires, c'est : comment se fait-il que dans la société du progrès matériel et technologique se multiplient les événements moralement inacceptables ?
En fait, je crois qu'il faut revenir aux sources de l'Occident moderne et comprendre le moment fondateur de cette civilisation, c'est le traumatisme engendré par les guerres de religion des XVI-XVIIe siècles. La guerre civile idéologique, c'est, en effet, la guerre dé-socialisante par excellence, la plus dramatique et la plus cruelle qui soit. Après que les hommes se sont entretués au nom de la morale, de la religion, de la philosophie, quand il a fallu refonder une nouvelle société, on s'est donc progressivement convaincu qu'il fallait neutraliser ces sources de disputes meurtrières et fonder la vie

en commun sur une tout autre base, à savoir sur l'idée que l'Etat devait être neutre quant à la question des valeurs morales et religieuses, et seulement veiller à ce que la liberté des uns n'empiète pas sur celle des autres. C'est cela, le principe de la modernité. Et le libéralisme, c'est précisément le courant de la modernité qui a porté cette exigence jusqu'à son point le plus radical, le plus cohérent : l'idée que le seul langage commun que l'on devait exiger des hommes, c'était leur aptitude, supposée naturelle, à toujours se guider d'après leur intérêt bien compris. Comme le disait Voltaire, "quand il s'agit d'argent, tout le monde est de la même religion". C'est donc le commerce de tous avec tous – le "doux commerce" – qui allait désormais permettre de mettre enfin un terme à la guerre de tous contre tous.

Mais quand je dis que, dans la solution libérale, la morale n'a plus sa place, ce n'est pas au sens où elle serait définitivement chassée de la vie des hommes ; c'est au sens où elle est désormais privatisée.

De même que les libéraux privatisent la distribution de l'eau, de l'électricité ou de l'enseignement, ils privatisent les valeurs morales. Par exemple, chacun est libre de dire qu'il trouve les salaires des patrons du CAC 40 indécents, de s'interroger sur le bien et le mal, ou de se demander si la manière dont on exploite les ressources de la planète correspond vraiment au bonheur de l'humanité... Toutes ces questions peuvent donner lieu à des colloques animés au sens où chacun vient apporter sa conception privée de la chose, mais ce qui est sous-entendu, c'est qu'aucune de ces solutions privées, distrayantes et décoratives au demeurant, ne doit servir de base à une politique concrète. C'est pour cela que les politiciens libéraux se présentent toujours comme les tenants d'un discours qui signe la fin des idéologies.

Le grand souci pour eux, c'est toutefois le retour régulier des élections. A intervalles réguliers, il leur faut donc déployer toute une rhétorique électorale afin que le chaland accepte de valider, sous une forme qui peut être de gauche ou de droite, la poursuite du programme libéral. Pendant les campagnes électorales, il est ainsi permis aux politiciens libéraux d'invoquer Dieu, la morale, l'écologie, de critiquer Mai 68 ou de l'encenser, tout est possible... Ce qui explique que le président Sarkozy pourra, par exemple, prétendre devant un écran de télévision qu'à titre privé, lorsqu'un ouvrier qui travaille depuis trente ans dans une entreprise se retrouve à la rue parce qu'un patron voyou aura cherché, dans le cadre de sa métaphysique de la rapacité, à accumuler des profits indécents, il compatit tout à fait aux problèmes de cet ouvrier. Mais il doit savoir, et là est la grandeur de sa fonction, sacrifier la voix de sa conscience morale, qui n'est qu'une voix privée, à son devoir de neutralité dans l'espace public.

Bien entendu, une fois les campagnes électorales terminées, quand on revient enfin aux choses sérieuses, que le nouveau pouvoir est en place, il est nécessaire que tout jugement moral ou "idéologique" soit de nouveau mis entre parenthèses. C'est cette absence de toute référence éthique ou philosophique commune qui installe donc le droit libéral dans une position intenable. Considérons ainsi quelques-unes des revendications du mouvement féministe – le droit, par exemple, de porter une jupe, de faire ce qu'on veut de sa virginité, de marcher seule le soir dans la rue ou encore de ne pas se voir imposer un signe de soumission ou d'infériorité comme le voile, dont on pourrait dire qu'il est l'étoile jaune des femmes. Si les féministes vont jusqu'au bout de ces revendications légitimes, un texte comme le Coran, et le statut de la femme qu'il implique, pourra donc être perçu comme une atteinte à la dignité et à la liberté des femmes. Mais, si des féministes interviennent pour critiquer le Coran ou encadrer la pratique islamiste radicale, on pourra tout aussi légitimement les accuser d'islamophobie ou de racisme. Cette femme qui marche seule dans la rue le soir, est-elle dans son bon droit ou se livre-t-elle à une provocation scandaleuse pour les défenseurs de la vraie foi ? Du point de vue du droit libéral, il est impossible de trancher. Parce que, pour le faire, il faudrait prendre appui sur une théorie particulière de la dignité humaine, une philosophie de l'égalité homme-femme ou de la liberté religieuse… Et, comme le droit libéral doit être supposé philosophiquement neutre, c'est finalement toujours le rapport de force entre les différentes associations qui permettra de trancher provisoirement.

Du côté des partis politiques, c'est évidemment le critère électoral qui devra entrer en jeu. Et la question sera alors de privilégier celui de ces deux groupes (les femmes ou les islamistes radicaux) dont le vote sera le plus utile pour assurer leur victoire électorale.

Quelle est la différence, de nos jours, entre un homme de gauche et un homme de droite ? L'homme de gauche s'étant rallié à une économie de marché vaguement régulée, sa différence électorale se jouera donc de préférence sur la légalisation des drogues, le mariage homosexuel ou tel autre problème sociétal, pour le plus grand plaisir des bobos et des classes urbaines du monde entier, en laissant de côté ces paysans qui composent pourtant la moitié de la planète et qui sont les grands absents de tous les programmes de la gauche moderne.

Quand on pense que deux des principales institutions du capitalisme international sont justement dirigées par des socialistes français, Dominique Strauss-Kahn et Pascal Lamy, on mesure l'ampleur du drame. C'est une des raisons qui expliquent que, dans ce monde qui devient toujours plus absurde et indécent, les forces qui devraient se faire entendre pour le critiquer sont tragiquement muettes. Il est clair que nous avons maintenant à faire, en Europe, à une gauche qui, sur le plan de sa philosophie fondamentale, s'est ralliée à cette solution libérale et moderne formulée une fois pour toutes par ce grand penseur commun à la gauche et à la droite qu'était George Bush : "La croissance – martelait-il – n'est pas le problème, elle est la solution." Il suffit donc de relancer la croissance et nous pourrons alors entrer dans le meilleur des mondes.

Or la croissance est le problème !

Quelqu'un qui a fait un peu de philosophie aurait, en effet, envie de dire : La croissance de quoi ? Quelquefois je m'amuse à poser à mes élèves la question : "Etes-vous pour l'augmentation ?" Et je laisse planer un silence. Au bout d'un moment, il y en a toujours un ou deux qui, timidement, demandent : "L'augmentation de quoi, monsieur ?" Je leur réponds : "Bonne question, dictée par le bon sens !" L'augmentation ne peut pas, en effet, être un programme en soi !

Eh bien, sachez que les maîtres de ce monde adoptent pourtant cette position étrange : pour eux la croissance, c'est-à-dire l'augmentation indéfinie de toute production rentable, définit une philosophie à part entière.

Cette croissance peut donc incorporer les choses les plus diverses : aussi bien le pétrolier qui s'échoue sur les plages de Bretagne que l'usine qui saute en Inde ou les progrès de la délinquance. Tout cela produit de la valeur ajoutée, donc engendre de la croissance et est donc bon pour l'humanité. Si 40 000 voitures flambent chaque année en France, à titre privé, n'importe quel libéral dira comprendre que le pauvre ouvrier qui ne peut plus se rendre au travail subit là un préjudice mais, à l'échelle de la croissance et de la relance de l'industrie automobile que ces incendies occasionnent, on pourra regretter qu'il ne brûle que 40 000 voitures par an. S'il en brûlait 400 000, peut-être que le problème du chômage serait résolu, l'inflation diminuée et la compétitivité de nos grandes entreprises renforcée. Le problème, bien qu'aucun homme politique n'ose en tirer la moindre conséquence pratique, c'est que, dans un monde fini, l'idée d'une croissance infinie est une impossibilité technique, matérielle et scientifique. Si on ne tient pas compte du mur écologique qui borne nécessairement l'humanité, aucune réflexion sensée sur le sort de la planète n'est possible. Heureusement, cette réalité commence à entrer dans les cerveaux.

Pour mieux faire comprendre cette idée que la société libérale est une société axiologiquement neutre, ne se référant à aucune valeur religieuse, morale ou philosophique commune, on pourrait également partir d'un exemple très simple : au nom de quoi la prostitution, dès lors qu'elle est librement consentie, ne serait-elle pas, après tout, un métier comme un autre ? C'est ainsi qu'en Allemagne, la gauche a précisément réussi à imposer l'idée que "l'activité prostitutionnelle" était un métier comme un autre. La suite est très logique : des ouvrières allemandes se sont ainsi vu proposer comme emploi par l'ANPE allemande, emploi qu'elles devaient accepter sinon elles perdaient leurs indemnités de chômage, celui d'hôtesse de charme dans un *Eros center*. On est là au cœur d'une logique libérale libérée de tous les tabous traditionnels : la prostitution doit finir par être considérée comme un métier parmi d'autres, au même titre que le métier d'électricien ou de boulanger…

A partir de ce moment-là, l'Education nationale ayant pour fonction première de former la jeunesse à tous les métiers possibles, je ne vois pas pourquoi elle ne prendrait pas en charge la construction de filières d'études de prostitution, avec le corps enseignant adapté, les examens correspondants et les inspecteurs adéquats. Et, puisque la réalité dépasse toujours la fiction, on notera que depuis 2008 le gouvernement libéral néo-zélandais est, en toute logique, en train d'étudier la possibilité de former à l'université les étudiantes désireuses de s'orienter dans cette direction. Et d'ailleurs, pourrait-on se demander, pourquoi pas dès le collège ou le lycée s'il est acquis que c'est un métier comme un autre ? Si je suis libre de vivre comme je l'entends, dès lors que je me prostitue volontairement et que je ne nuis à personne, au nom de quoi pourrait-on en effet me contester ce droit fondamental de l'homme et de la femme et m'empêcher ainsi de vivre comme je l'entends ? On remarquera donc que c'est toujours au nom des droits de l'homme et de la liberté que les avancées culturelles du capitalisme se produisent.

Le principe du libéralisme, c'est donc qu'il ne peut pas y avoir de valeurs philosophiques communes et partagées, en dehors de celles qui découlent de l'universalité du marché et qui sont supposées être axiologiquement neutres parce que purement "techniques".

Mais, d'un point de vue anthropologique, cette idée est fausse.

Comme Marcel Mauss l'a établi le premier, c'est en réalité la logique du don qui organise en grande partie les relations entre les hommes, et cela depuis la plus haute antiquité. Aussi loin qu'on remonte dans l'histoire de l'humanité, on constate qu'en réalité une part essentielle des biens circule, et des services se rendent selon la triple obligation de donner, recevoir et rendre. L'art de savoir donner a toujours fondé la générosité, savoir recevoir quelque chose comme un don, et non pas comme un droit ou un dû, fait également partie des qualités morales universelles, et savoir rendre a toujours constitué ce qu'on appelle la reconnaissance et la gratitude.

Ce roc universel sur lequel l'humanité s'est construite et que détruit le donnant-donnant de l'échange marchand, ce n'est pas du tout une affaire du passé. Comme chacun peut le constater, c'est ce qui continue à organiser une part essentielle de notre vie quotidienne. Quand, par exemple, vous êtes invités chez des amis, qu'est-ce qui vous oblige à vous demander : "Que vais-je apporter à mes hôtes ?" Pourquoi tenons-nous à offrir des applaudissements à cet artiste qui a donné un concert magnifique, alors que nous avons déjà payé notre billet ? Il est clair que notre vie quotidienne serait incompréhensible si elle devait se développer, comme le veulent les économistes, sous le signe exclusif de l'échange marchand et de notre intérêt bien compris.

Du reste, si vous faites l'amour avec quelqu'un et qu'aussitôt après vous lui dites : Combien est-ce que je te dois ? vous mesurerez probablement à travers

sa réponse à quel point les structures du donnant-donnant ne sont pas la loi qui organise la totalité de notre vie quotidienne, mais comment, au contraire, une part essentielle des échanges au sein de la famille, entre voisins et amis, relève d'une logique qui tient à distance celle du calcul économique.
Quand on étudie les grands courants fondateurs du socialisme, on s'aperçoit qu'au départ, l'ennemi premier des socialistes, c'était précisément l'individualisme possessif et l'égoïsme radical. Et ce n'est pas par hasard qu'on appelait les socialistes les "partageux". A ce propos, j'ai vu l'autre jour avec étonnement que le magazine du NPA (le Nouveau Parti anticapitaliste de Besancenot) avait choisi comme titre *Tout est à nous*.
Tout est à nous, comme mot d'ordre des partageux ?
Je trouve très étonnant qu'il ne se soit trouvé personne, dans un parti de plusieurs milliers de membres, pour faire remarquer que ce mot d'ordre pourrait faire un tabac dans une crèche ou au comité directeur du MEDEF ! C'est, en effet, la devise libérale par excellence, la négation du devoir de partage, d'entraide et de solidarité, et cela en dit long sur l'inconscient qui mine la gauche et l'extrême gauche actuelles. "Tout est à nous" ! Un tel lapsus est confondant !
Si les vingt-quatre heures de chaque journée devaient se développer selon les lois de l'économie, c'est-à-dire sous le signe du "tout est à nous" et non pas de l'entraide et de la triple obligation de donner, recevoir et rendre, il est clair que ni l'amitié, ni l'amour, ni la vie de quartier, ni la vie de famille, ni la moindre vie décente ne seraient possibles.
L'idée que, pour devenir un véritable citoyen du monde, il faudrait rompre avec tous les enracinements particuliers qui nous définissent au départ de la vie – l'attachement à des êtres, à un lieu, à un quartier, à une culture, à une langue – est au cœur du système libéral. De ce point de vue, l'acte émancipateur pour le libéral, c'est la délocalisation, la dissolution de toutes les frontières. Pour que l'humanité ait une chance de devenir une véritable humanité, il faudrait donc produire à la chaîne des hommes capables de consumer leur vie entre deux aéroports avec, pour seule patrie, un ordinateur portable. Or c'est justement ce mode de vie hors sol, ce nomadisme perpétuel dans un monde sans frontières et porté par une croissance illimitée que la gauche moderne a fini par célébrer comme l'incarnation de la tolérance et de l'ouverture d'esprit,

alors que c'est simplement la façon qu'ont les élites globales de vivre leur coupure structurelle d'avec les peuples.

On pourrait du reste se demander quelle quantité de kérosène coûterait la réalisation d'un monde où chacun vivrait en permanence sur ce modèle touristique… On a souvent parlé de "gauche caviar", mais je me demande s'il ne vaudrait finalement pas mieux parler de "gauche kérosène" pour désigner cette nouvelle manière mobile d'exister.

En réalité, ce n'est jamais en détruisant les cultures locales ni en adoptant la délocalisation perpétuelle comme mode de vie qu'on peut accéder aux valeurs universelles ; c'est seulement en abattant les murs qui séparent et opposent les cultures. Comme l'écrivait, il y a un demi-siècle, Miguel Torga, "l'universel, c'est le local moins les murs".

De ce point de vue, on comprend mieux la mise en garde de Rousseau quand il disait : "Défiez-vous de ces cosmopolites qui vont chercher au loin des devoirs qu'ils dédaignent d'accomplir près de chez eux. Tel philosophe aime les Tartares pour être dispensé d'aimer ses voisins."

La jeunesse occupe une place extraordinaire dans l'imaginaire de la modernité. Le meilleur signe en est que nous voulons rester jeunes à tout prix, ce qui aurait étonné les hommes des civilisations antérieures pour qui "il fallait bien que jeunesse se passe".

Cependant, quelles que soient les quantités de Botox et de liftings infligées à notre organisme, rester jeune éternellement est un idéal impossible. D'où vient alors ce mythe de la jeunesse, dans la société moderne ? C'est qu'une société qui entend remplacer la philosophie ou la morale par la science et la technique tend à propager l'idée que les nouvelles générations sont mieux armées que les précédentes pour comprendre l'intérêt des nouvelles technologies et que les enfants sont donc les véritables parents de leurs parents à qui ils ont tout à apprendre.

D'où ce sentiment de culpabilité extraordinaire d'un grand nombre de parents d'aujourd'hui, qui se sentent désorientés dès qu'il s'agit de transmettre quelque chose à leurs enfants, ou de leur signifier une limite ou un interdit : ils se sentent alors en position d'usurpateurs.

Le problème, comme le rappelait Lévi-Strauss, c'est que l'enfant n'est pas spontanément dans le donner, recevoir et rendre. Il faut, par exemple, lui apprendre à attendre son tour ou à ne plus considérer que le monde entier est à son service. Cela n'a rien à voir avec la capacité à utiliser les nouvelles technologies! C'est d'ailleurs pour cette raison que les enfants uniques ont beaucoup plus de facilité à se soumettre aux diktats de la modernité et du marché; et c'est peut-être aussi pour cela que la Chine moderne, où les enfants uniques sont désormais légion, s'intègre dans le capitalisme global avec une si grande facilité.

Quiconque observe des enfants en bas âge constate au contraire à quel point ils sont marqués par un idéal de toute-puissance que l'éducation a justement pour tâche de civiliser.

Eduquer un enfant, c'est aller au rebours de sa nature, ne pas le laisser seulement exprimer ses penchants, ses caprices et ses pulsions, comme le veut la mythologie libérale, mais l'amener d'une manière compatible avec sa dignité, avec tout l'amour et toute la bienveillance possibles, à prendre sa place dans les chaînes socialisantes du don, c'est-à-dire lui apprendre à savoir donner, recevoir et rendre; à ne pas devenir, en d'autres termes, un "tapeur" et un futur exploiteur.

Or, l'éducation libérale, c'est tout le contraire. Le parent libéral, notamment quand il est de gauche, ne cesse de s'émerveiller devant l'égoïsme têtu de cette petite créature qui s'agite et réclame, et cela parce qu'il retrouve en elle le miroir des valeurs que le libéralisme impose et qu'il a lui-même parfaitement intériorisées.

Sa seule pédagogie est alors de mettre l'enfant au centre de tous les processus éducatifs et de veiller seulement à ce qu'il ne soit jamais contrarié. Alors qu'on devrait précisément lui apprendre à devenir humain, c'est-à-dire à sublimer sa volonté de puissance initiale, faute de quoi il deviendra nécessairement l'un de ces êtres égoïstes et narcissiques dont nos belles élites, dans tous les domaines, offrent l'image accomplie.

En même temps, le fait de placer la jeunesse au centre de l'imaginaire libéral a évidemment sa contrepartie inévitable: que faire des vieux? Le vieillissement devient en effet le drame suprême dans une société libérale. La gestion des vies finissantes, du quatrième âge, comme on dit, est certainement un des grands continents noirs de la modernité. Encore faut-il ajouter que ce culte de la jeunesse dissimule des réalités plus sombres. Car le fait est que les jeunes vivent dans des conditions plus difficiles pour entrer dans un monde plus dur. Ce n'est que dans l'imaginaire de la société qu'ils sont un objet de célébration. C'est d'ailleurs un phénomène banal : le prolétaire soviétique était en réalité un esclave de la nomenklatura, mais, chaque fois qu'il descendait dans la rue, il voyait, affichées sur les murs, les images de son règne et de sa splendeur. D'où ce paradoxe : la majorité des jeunes vivent moins bien que leurs parents, et cela dans un monde qui organise en permanence leur culte. Et de fait, dans la civilisation libérale, les jeunes n'ont plus les moyens de savoir s'ils sont des maîtres ou des esclaves. On deviendrait schizophrène à moins.

Patrick Viveret

RÉÉVALUER LA NOTION DE RICHESSE

De formation philosophique (CAPES) et diplômé de l'Institut d'études politiques de Paris, Patrick Viveret fut magistrat à la Cour des comptes (conseiller maître) où il a été nommé en janvier 1990. Il fut rédacteur en chef de la revue Faire *de 1975 à 1981 puis de la revue* Intervention *de 1982 à 1985, et de la revue* Transversale. Science & culture *de 1992 à 1998.*

Fondateur de l'Observatoire de la décision publique, il est chargé par le Premier ministre français, Michel Rocard, d'une mission sur l'évaluation des politiques de 1988 à 1990. Secrétaire général de la Mission pour le centenaire de la loi de 1901 sur les associations, il est ensuite chargé de conduire une mission sur "les nouveaux facteurs de richesse" à la demande du secrétaire d'Etat à l'Economie solidaire. Son rapport, désormais publié aux éditions de l'Aube, s'intitule Reconsidérer la richesse. *Cette mission donnera lieu à une rencontre internationale coorganisée avec le PNUD. Il est l'un des cofondateurs du Forum pour d'autres indicateurs de richesse (FAIR), qui a organisé une rencontre à l'Assemblée nationale et au Conseil économique, social et environnemental sur les enjeux démocratiques de nouveaux indicateurs de richesse.*

Il est l'un des initiateurs du projet international "Dialogues en humanité", a été directeur du Centre international Pierre-Mendès-France et a participé à plusieurs forums sociaux mondiaux et européens. Il participe aux activités de l'Alliance pour la planète et est membre du Comité de veille écologique de la fondation Nicolas-Hulot et du projet "Alliance civique pour l'humanité".

■ J'ai été nommé à la Cour des comptes, ce qui n'était pas prévu dans ma trajectoire initiale, car à l'origine j'étais professeur de philosophie, puis journaliste, et j'étais très engagé politiquement dans l'action associative. Jamais au grand jamais, je n'aurais imaginé d'entrer à la Cour des comptes! Mais, à partir du moment où j'y étais, ce qui m'a intéressé, c'était de voir comment derrière les comptes il y avait des contes.

Ces grands récits que se racontent les sociétés, qui structurent leurs choix et qui ensuite se formalisent dans des systèmes d'autant plus opaques, incompréhensibles et extérieurs au débat que, justement, ils auront pris la forme de chiffres apparemment neutres et objectifs.

Donc ce qui m'a intéressé, c'est d'aller détecter au cœur des systèmes comptables les choix de société implicites et de les remettre dans le débat public.

La question de l'évaluation de la richesse, elle est centrale. Nos systèmes comptables ne retiennent que les flux monétaires, sans s'intéresser à la façon dont ces flux sont créés.

Le naufrage de l'*Erika* constitue un bon exemple. Dans cette obsession de la croissance, une catastrophe écologique comme celle de l'*Erika* est considérée comme productrice de richesses. Les bénévoles qui ont la mauvaise idée de participer gratuitement à la dépollution des plages non seulement comptent pour du beurre, mais en plus, comme il aurait de toute façon fallu dépolluer ces plages, s'il n'y avait pas eu les bénévoles, on aurait fait appel à du personnel rémunéré qui, lui, aurait été enregistré dans les comptes. Donc, du point de vue de la comptabilité nationale, le bénévolat est source de perte sèche de richesses. C'est ce que j'appelle "le paradoxe de l'*Erika*".

Je me suis dit qu'il fallait mettre dans le débat public cette question qui est relativement connue au sein des spécialistes mais qui est toujours bien cachée, que l'on confine aux débats internes de l'Etat. C'était l'occasion d'en faire un objet de débat public, et même d'éducation populaire.

Je me suis aussi dit qu'il était temps de changer nos manières de compter la richesse, parce que nous sommes à un moment historique où il ne s'agit pas simplement des questions écologiques, mais plus généralement des questions sociales, culturelles, sanitaires et éducatives qui sont complètement plombées par une représentation, une définition et une forme de mesure de la richesse conçues dans un tout autre contexte historique et qui maintenant nous empêchent de traiter les questions d'aujourd'hui et de demain.

Nous avons commencé à tenir des réunions avec ce qu'on a appelé le "collectif richesses", qui avait une autre approche de la richesse, disant que c'était un enjeu démocratique et pas simplement un débat pour techniciens. La résistance contre ce collectif a été aussi vive que sournoise, on nous a illico mis dans un placard. Alors nous avons pris comme slogan : "Plus nous

serons nombreux dans le placard, plus il sera difficile à refermer." J'avais ma petite idée sur la possibilité de transformer les interstices en brèches.
J'avais repris à l'époque un livre de Saul Alinsky qui m'a toujours accompagné et que j'adore, qui s'appelle *Rules for Radicals*.
Alinsky montrait l'art subtil d'utiliser la force de l'adversaire.
L'un des points forts de cet art, c'était le repérage des zones de faiblesse de l'adversaire, mais toujours dans une logique non violente.
Par exemple ils avaient mené une action contre un aéroport qui faisait de la discrimination raciale envers les employés de nettoyage. Evidemment, dans un aéroport, il y a beaucoup de zones de faiblesse du côté de la sécurité. Mais ça, ils n'y touchaient pas. Par contre, ils avaient repéré d'autres zones de faiblesse et étaient arrivés à la conclusion que la faiblesse principale d'un aéroport, c'est les toilettes : si on bloque les toilettes, on parvient à ce qu'ils avaient appelé une "opération *shitting*". C'est-à-dire qu'effectivement, on fout la merde au sens propre comme au sens figuré.
Une autre règle de tactique c'est : La menace est supérieure à l'action.
Donc, ils construisent leur projet et, quand il est suffisamment ficelé et imparable, ils envoient un faux espion qui raconte à la direction de l'aéroport ce qu'ils ont concocté. Et là, avant même toute action, c'est la direction de l'aéroport qui se met en cellule de crise, qui essaie de trouver des parades, qui bien sûr n'y arrive pas et qui accepte donc de négocier.
Enfin le dernier point de tactique fondamental, c'est : Ne cours jamais le ridicule d'être désemparé, si ton adversaire accepte de négocier. Si l'ennemi vient sur notre terrain, cela sera l'occasion de remporter des victoires partielles, non négligeables quand on travaille pour des gens très pauvres.

Pour l'essentiel, le modèle de production à dominante industrielle est directement lié à la reconstruction d'après-guerre. C'est parce qu'on a voulu reconstruire prioritairement l'industrie qu'on a choisi des systèmes de chiffres qui permettaient de valoriser ce type d'activité plutôt que d'autres. Pour prendre un exemple simple, les métiers de la paysannerie sont beaucoup plus riches et plus larges que la seule production agroalimentaire. Ce sont des métiers d'aménagement du territoire, de préservation de la nature, de lien social, de culture. Mais tout ceci est hors du champ de l'industrie productiviste pour laquelle seule la production agroalimentaire est susceptible d'être considérée comme une richesse.

Or, ce choix de société de l'après-guerre, qui est à l'origine de notre système comptable, est désormais obsolète et largement contre-productif par rapport aux grandes questions comme l'écologie. Pour reprendre la fameuse phrase de Jacques Chirac, "la maison brûle mais nous regardons ailleurs". Non seulement nous regardons ailleurs, mais nous mettons de l'huile sur le feu. Et l'une des raisons majeures pour lesquelles nous avons cette attitude suicidaire, c'est que nos indicateurs de richesse, qu'ils soient privés ou publics, nous incitent à le faire. Tous les Sommets de la Terre seront vains si les entreprises et les Etats continuent à être jugés sur des systèmes de comptes qui valorisent le productivisme, la rentabilité et la capacité à être compétitif. On est dans la situation d'un marin qui aurait décidé un changement de cap mais dont les instruments de bord continueraient à être réglés sur l'ancien cap.

Que fait-on figurer dans les comptes ? Qu'est-ce qui est vraiment important dans nos vies ? Pourquoi ce qu'il y a de plus essentiel est-il invisible dans nos systèmes comptables ? L'allongement de la durée de vie, le fait qu'il y ait un temps de formation plus long, la réduction globale du temps de travail sont plutôt de bonnes nouvelles. Mais, si on ne change pas notre définition de l'activité, ces bonnes nouvelles vont se transformer en mauvaises nouvelles. On va réduire les pensions, re-fabriquer de la pauvreté pour les personnes âgées et générer une formidable régression sociale. Par ailleurs, dans l'inactivité théorique, on compte le travail domestique. Mais l'économie s'effondrerait s'il n'y avait pas d'économie domestique ! Pourtant, cela reste officiellement de l'inactivité.

Chaque fois qu'il y a une difficulté à définir quantitativement une valeur, il suffit d'en simuler la perte. Si on simule la perte de l'air, qui sous prétexte qu'il est abondant et gratuit n'a pas de valeur économique, on comprend tout de suite ce que cela entraînerait, de même si on simule la perte de l'amour, de la liberté ou du temps de libre activité qu'on appelle à tort "retraite", et qui est la possibilité d'avoir enfin du temps en cohérence avec son projet de vie et de sortir du travail contraint. Même chose pour le temps d'études supérieures, qui est considéré comme de l'inactivité alors qu'on nous dit que nous sommes dans une société de la connaissance. On marche sur la tête…

Cette réflexion sur la définition de la richesse entraîne une question plus dérangeante encore, à savoir celle de la monnaie, pour laquelle il faudrait rouvrir un débat démocratique.

La question de la monnaie est complètement sortie du champ du débat démocratique. On a fini par nous persuader que c'était une opération de spécialistes, qu'on avait besoin pour ça de banques centrales indépendantes, qui sont certes indépendantes du processus démocratique, mais totalement dépendantes des marchés financiers. Si on ne se donne pas les moyens de regagner une maîtrise démocratique sur la monnaie, on va subir les phénomènes d'emballement et de démesure du capitalisme financier, de l'économie casino, qui vont encore s'aggraver dans les prochaines années.

Mais on ne peut réussir à introduire la décélération et la décroissance qui sont écologiquement nécessaires que si on propose simultanément la perspective d'un mieux-être. Sans cette perspective, on se retrouve dans la situation d'un toxicomane auquel on proposerait une cure de sevrage sans espoir de mieux-être à la sortie de sa cure.

Il préférera toujours rester toxicomane. Or nous sommes dans des sociétés toxicomanes, c'est-à-dire qu'elles compensent leurs états de mal-être par de la toxicomanie dans l'ordre de l'avoir et de la consommation de biens mais aussi de pouvoir, de gloire, qui est un désir éperdu de reconnaissance, et de la possession d'autrui, ce que les Grecs appelaient l'amour sous sa forme infantile, la *porneia*, ce moment où le nourrisson veut absorber sa mère, et qui est à l'origine de la croyance que l'autre est ma propriété.

Ces limitations que nous devons accepter du fait que nous sommes au pied du mur, ce sont de vraies opportunités pour franchir un saut dans l'aventure finalement très brève de l'espèce humaine. Le prétendu *Homo sapiens*, dont Edgar Morin a raison de nous dire qu'il vaudrait mieux l'appeler un *sapiens demens* qu'un *sapiens sapiens*, est une espèce extraordinairement jeune. Qu'est-ce que 100 000 ans par rapport à d'autres espèces ? Et cette espèce très jeune, elle risque la mortalité infantile. Mais elle peut aussi vivre un saut qualitatif. Dans la tradition du tantrisme, qui est à l'origine de la fameuse polarité yin-yang, on définit la caractéristique dominante du yin, le principe féminin, comme étant la puissance créatrice, et la caractéristique dominante du yang, le principe masculin, et c'est plus étonnant, comme étant la capacité d'émerveillement devant la création.

Si la capacité d'émerveillement est refoulée (ce qui est souvent le cas chez les hommes), ceux-ci vont être fascinés par la puissance qu'ils n'ont pas, et vont la retourner en puissance dominatrice contre les femmes.

Quand on naît à 9 mois, on est des prématurés par rapport à d'autres espèces. On met plusieurs années à trouver notre autonomie physique là où quelques heures suffisent à d'autres animaux. Mais nous ne sommes pas seulement des prématurés physiques, nous sommes aussi des prématurés psychiques.

La question principale d'après-guerre fut moins celle de la remise en route de la production que de comprendre le désastre intellectuel, spirituel et moral qu'a été la possibilité de la Shoah et de la barbarie au cœur de grandes civilisations. Or, on a fui cette question pour se concentrer sur la remise en route de la production industrielle.

Notre forme de conscience, quand elle se croit supérieure, produit des effets destructeurs, soit sur les autres espèces, soit sur nous-mêmes.

On peut alors avoir une vision radicale qui serait de dire : Au fond, pourquoi ne pas en finir avec l'espèce humaine? Et ce d'autant qu'elle est bien partie pour s'aider elle-même à disparaître. Ainsi, certains courants écologiques misanthropiques, même s'ils ne le disent pas, ne sont pas loin de penser : "L'humanité va disparaître, *so what?* Bon débarras."

L'autre voie, c'est de dire que nous acceptons la condition humaine avec cette vulnérabilité que nous appelons conscience – qui est bien une vulnérabilité et non une supériorité – et de nous demander comment faire bon usage de cette conscience afin qu'elle ne nous entraîne pas à dominer, mais qu'elle reste de l'ordre de la puissance créatrice.

Le modèle que j'appelle le modèle DCD – dérégulation, compétition, délocalisation –, qui est le triangle clé sur lequel nous vivons, est totalement insoutenable. On a au contraire besoin de régulation, de coopération et de relocalisation. Et ce qui donne de l'espoir, c'est l'émergence des "créatifs culturels" qui s'intéressent à l'être plutôt qu'au paraître, aux valeurs féminines dans le rapport à la vie et à l'implication sociale. Dans un pays comme

la France, on considère qu'il y a à peu près 8 millions de personnes qui sont dans une trajectoire de ce type, c'est beaucoup plus de gens qu'on ne le pense et la plupart d'entre eux se croient marginaux et minoritaires.
Ils n'ont pas conscience de leur puissance créatrice. Et l'un des grands enjeux, c'est de faire émerger cette conscience collective qui donne de la force, pas au sens du rapport de force dans la lutte guerrière des dominants, mais au sens de la force de vie.

Serge Latouche

REPENSER LA CROISSANCE

*Serge Latouche est diplômé d'études supérieures en sciences politiques, docteur en philosophie et professeur de sciences économiques. Depuis 2002, il est professeur émérite d'économie de l'université de Paris-Sud (XI-Sceaux/Orsay) où il enseigne l'histoire de la pensée économique. Il a longtemps animé un séminaire sur les relations entre la culture, la technique et le développement à l'*IEDES *(Institut d'étude du développement économique et social, Paris-I). Il est considéré comme le spécialiste des rapports économiques et culturels Nord/ Sud et de l'épistémologie des sciences sociales.*

Il est l'un des contributeurs historiques de la revue du MAUSS *(Mouvement antiutilitariste en sciences sociales) et directeur du Groupe de recherche en anthropologie, épistémologie et économie de la pauvreté (GRAEEP). Il est par ailleurs membre du comité scientifique de la revue* Ecologia politica *(Rome) depuis l996, membre du Comité de rédaction de la revue* L'homme et la société *depuis 1982 et d'*Entropia, *revue d'études théoriques et politiques de la décroissance.*

Il a développé, dans le domaine des sciences humaines, une théorie critique envers l'orthodoxie économique. Il dénonce l'économisme, l'utilitarisme dans les sciences sociales et la notion de développement. Il critique notamment les notions d'efficacité et de rationalité économiques. Il dénonce et déconstruit la notion de développement durable qu'il considère comme une imposture et une ineptie, car "pour survivre ou durer il faut organiser la décroissance". Il est un des penseurs et des partisans les plus connus de cette théorie et tente de conceptualiser l'après-développement dans "un combat généralisé et organisé contre le mode de vie consumériste devenu insoutenable à l'échelle mondiale". Pour Serge Latouche, c'est du côté de l'informel antidéveloppementiste qu'il convient de chercher refuge, comme forme d'économie capable de constituer une véritable alternative au "libéral-productivisme".

■ Si tout le monde vivait comme nous les Français, il faudrait 3 planètes pour subvenir à nos besoins. Si tout le monde vivait comme les Américains, il en faudrait 6. C'est encore possible parce que nous recevons une assistance technique massive des pays africains qui consomment moins d'un dixième de planète. Mais si nous continuons avec un taux de croissance extrêmement modéré, qu'aucun candidat aux présidentielles n'aurait osé préconiser dans ses discours électoraux, un taux de croissance de 2 %, à l'échéance de 2050, ce ne sont pas 3 planètes, ce ne sont pas 6 planètes, mais 30 planètes qu'il nous faudra, en raison d'un mécanisme qu'un de mes amis appelle le "terrorisme des intérêts composés". Et 30 planètes, on ne les trouvera pas, on aura beau faire. Il est donc urgent de prendre conscience de la nécessité de revenir dans les limites de ce que le destin nous a imparti, à savoir une planète.

"Quand tous les Chinois auront une voiture", mais jamais tous les Chinois n'auront une voiture parce que la planète n'existerait plus. Mais on est tout de même parti sur cette trajectoire-là. Ils ont décidé d'aller au bout de notre folie, parce qu'il faut bien dire que c'est nous qui leur avons inculqué le virus de la société de consommation et, maintenant qu'ils l'ont, ils n'ont pas envie de le quitter. Ils vont aller assez loin dans cette voie-là. Quand l'Angleterre a commencé ce petit jeu-là, c'était un petit pays et elle avait le monde à sa disposition… Le problème avec la Chine, c'est que c'est un énorme pays, et qu'il n'y a plus d'autres planètes à disposition, donc on est arrivé aux limites. On va sûrement arriver à une rupture. Chaque matin je me lève en pensant : Est-ce que c'est pour aujourd'hui ? Pour le salut du monde, plus vite ça pétera, mieux ça vaudra, mais personne n'a intérêt à ce que ça pète.

Pour moi cela tient du miracle que cela continue à fonctionner, avec un endettement de la population aux Etats-Unis qui dépasse deux ans et demi, c'est-à-dire que là-bas les gens vivent actuellement avec ce qu'ils vont gagner en 2012, on est en plein délire ! Mes collègues économistes sérieux le reconnaissent d'ailleurs, mais en privé…

Dans les sphères dirigeantes, on est conscient des dangers, mais on a beaucoup de mal évidemment à scier la branche sur laquelle on est assis, et bien assis pour certains. Ceci dit, nous sommes tous embarqués dans le même bateau et, quand le bateau coule, ceux qui se trouvent dans les classes supérieures coulent peut-être un peu moins vite que les autres, mais finissent tout de même par couler avec tout le monde.

On vit tous de façon plus ou moins schizophrène, c'est-à-dire qu'on a une capacité à la fois à savoir et à ne pas savoir, à vouloir et à ne pas vouloir.

Si on comptabilisait ce qu'on appelle les coûts externes de la croissance, à savoir tout ce qu'on fait supporter à la nature et à notre santé, la croissance se révélerait être une affaire non rentable, mais nous sommes pris dans les rouages d'une mégamachine dans laquelle, au fond, personne ne décide rien. Les autorités politiques subissent des pressions colossales. Pour prendre une décision comme le moratoire de deux pesticides qui ont détruit plus de 50 % des abeilles en France, il a fallu lutter pendant des années, et la bataille n'est toujours pas gagnée. L'offre politique qui prendrait vraiment le problème à bras-le-corps, elle n'existe pas.

Mais heureusement l'homme est irréductible à un rouage, et dans chacun de nous il y a une part qui refuse, qui réagit, qui proteste. La mégamachine est un délire qui ne peut qu'échouer, nous sommes tous les complices de son fonctionnement, mais nous pouvons aussi être les complices de son échec.

Revenir à une empreinte écologique soutenable pour la France, ce serait revenir à la situation dans laquelle nous nous trouvions dans les années 1960. On n'était pas à l'âge des cavernes. Le problème, c'est que ce que nous consommons n'est plus produit de la même façon. Le bifteck qu'on mangeait dans les années 1960 était produit par un bœuf qui broutait les prairies de Normandie ou du Charolais. Aujourd'hui, il est nourri avec du soja qui est lui-même produit sur les brûlis de la forêt amazonienne, ce qui n'est pas très bon pour les poumons de la planète, ni pour les Brésiliens du Nordeste qui ne mangent pas de soja mais des haricots rouges. Ensuite ce soja est transporté sur 10 000 kilomètres, et on le mélange avec des farines animales, ce qui rend les vaches folles. On a complètement bouleversé tout le système.

Et ce qui est vrai pour l'agriculture l'est pour tout. Aujourd'hui, les vêtements que nous portons incorporent au minimum 30 000 kilomètres de voyage. Dans les années 1960, il y avait encore des usines textiles à Lille, Roubaix, Tourcoing. On a déterritorialisé et fragmenté la production dont les différents segments se répartissent tout autour de la planète, pour être ensuite recomposés dans un produit final qui est à son tour déménagé, et on arrive à des résultats totalement absurdes, comme ces crevettes danoises qui vont se faire nettoyer au Maroc pour revenir au Danemark, être mises en sachets et dispatchées ensuite dans le monde entier. Ou bien ces langoustines écossaises qui étaient décortiquées dans des usines existantes en Ecosse et qui, après que ces usines ont été rachetées par des fonds de pension américains, sont maintenant envoyées en Thaïlande pour être décortiquées à la main parce qu'on a trouvé qu'on pouvait faire quelques dollars de plus de profit, et qui font donc un aller-retour de 20 000 kilomètres pour être ensuite distribuées dans les magasins Marks and Spencer. On est dans un système délirant.

Chaque jour, plus de 4 000 camions franchissent le col du Perthus. Pierre Rabhi donne ce bel exemple d'un camion qui, transportant des tomates poussées sous serre en Hollande et allant les livrer en Espagne, tamponne sur la nationale 7 un camion espagnol transportant des tomates également produites sous serre en Andalousie pour aller les livrer en Hollande. Ils ont fait une sauce tomate européenne… Ce ne sont donc pas seulement nos consommations qui doivent être remises en cause, c'est la façon dont elles sont produites. Alors si on revenait à un système plus raisonnable, qu'on relocalise l'économie et qu'on redonne aux gens le goût de vivre là où ils vivent, si on supprimait un certain nombre de consommations inutiles voire nuisibles, comme la publicité – deuxième budget mondial, 500 milliards de dollars de dépenses annuelles, c'est-à-dire 500 milliards de pollution matérielle, car nous Français recevons chaque année entre 40 et 50 kilos de papier publicitaire, c'est-à-dire 50 kilos de destruction de forêt par personne –, je dirais que c'est encore très jouable, et non seulement c'est jouable, mais en fin de compte on vivrait beaucoup mieux.

On fait tout un plat pour quelques bateaux pleins d'immigrés qui s'échouent sur les plages européennes, mais potentiellement, avec la logique actuelle, c'est 800 millions d'Africains qui veulent venir en Europe. On a détruit toutes les raisons que peut avoir un Africain de vivre en Afrique. C'est consternant. Je suis allé récemment au Bénin et la différence entre l'Afrique que j'ai connue il y a vingt ans et l'Afrique actuelle, c'est qu'il y a vingt ans, en Afrique, les gens trouvaient du sens à vivre à leur façon. Ils n'ont pas changé de façon de vivre fondamentalement, simplement ça n'a plus de sens. Donc ils n'aspirent qu'à une chose, surtout les jeunes dans les villages, à partir en France ou dans un pays "développé". C'est potentiellement extrêmement destructeur.

On consomme de plus en plus, et une grande partie de cette consommation, c'est de la réparation ou de la compensation. On dépense de plus en plus en frais pharmaceutiques et en consultations médicales parce qu'on est agressé par la pollution. On a de l'asthme, des bronchites chroniques, etc. Tout comme les cadres dynamiques qui sont tellement stressés qu'ils se shootent aux antidépresseurs. La France est le pays qui en consomme le plus par tête d'habitant. Les cadres anglais préfèrent prendre de la cocaïne… Il y a une corrélation très étroite entre la croissance économique et les taux de suicides ou de dépressions nerveuses. On ne sait plus jouir de l'instant présent. Quand on est une victime de ce que les Anglais ont appelé le *workoholism*, c'est-à-dire quand on est un drogué du travail, le temps qui n'est pas consacré au travail semble perdu et dépourvu de sens.

On a vidé de sens ce qui justement pouvait donner du sens à nos vies.

Je crois que l'économie au sens moderne, c'est-à-dire l'économie capitaliste marchande, etc., c'est un truc de mecs. J'en suis convaincu. J'ai vu ça dans toutes mes études économiques : il n'y avait pas de femmes dans l'économie, pas de femmes dans les entreprises, et ce n'était pas un hasard. C'est caricatural en Afrique où toute la vie concrète, ce qui fait vivre l'Afrique, même à l'heure actuelle, ce sont les femmes qui l'assument. Mais dès qu'on entre dans l'économie moderne, le développement, cela devient une affaire d'hommes. Les femmes, dans la plupart des pays de l'Afrique subsaharienne, cultivent la terre parce que ce sont elles qui sont fécondes et elles font tout pour l'essentiel. Mais, dès qu'on crée une plantation moderne, alors ce sont les hommes qui s'en occupent. C'est un moyen pour les hommes de prendre le pouvoir mais les femmes ne sont pas vraiment intéressées par ces projets-là, ou ne les sentent pas.

Je ne suis pas un adhérent mystique de l'hypothèse Gaïa, mais je pense que c'est une belle métaphore de cette interdépendance généralisée entre l'homme et le cosmos, ce que précisément l'Occident a tenté de nier. On pourrait dire que le développement, avec toute l'idéologie de la croissance, du progrès, est, en termes heideggériens, une forme d'oubli de l'être, un refus d'assumer notre situation. Mais notre liberté n'existe qu'à condition d'assumer notre finitude. Et, de ce point de vue-là, je dirais que le projet de la décroissance, ou de la "sobriété heureuse" comme on peut aussi la nommer, c'est un projet d'acquiescement à l'être, à la mort, à l'humanité de l'homme, à sa situation de nature dans la nature. C'est l'inverse de la croissance illimitée.

Cela prend parfois des formes tout à fait triviales, comme par exemple l'attitude face à notre production de déchets qui est extraordinaire. Aucun économiste n'a parlé des déchets. Pour les économistes, on produit, on consomme, on gagne de l'argent, mais l'idée que, quand on produit des marchandises, on produit en même temps des déchets, et que la pollution est un des déchets de la production, leur est totalement étrangère, ils n'ont jamais intégré cela dans leurs calculs. C'est au fond une façon de nier les limites et la réalité. On produit avec des matières premières et, si on fait de l'énergie nucléaire, on va produire des déchets nucléaires. Et les déchets nucléaires, il faut les prendre en charge parce qu'ils existent. Or on voit qu'on est dans une attitude de dénégation : Les déchets ? On verra, on trouvera bien !

ABÉCÉDAIRE DE L'AGRICULTURE BIOLOGIQUE

A comme…

AGROÉCOLOGIE
L'agroécologie est une démarche scientifique attentive aux phénomènes biologiques, qui associe le développement agricole à la protection-régénération de l'environnement naturel. Elle est à la base d'un système global de gestion d'une agriculture multifonctionnelle et durable, qui valorise les agro-écosystèmes, optimise la production et minimise les intrants.

AGROFORESTERIE
L'agroforesterie est un système d'exploitation des terres agricoles qui associe sur les mêmes parcelles une production agricole annuelle (cultures, pâtures) et une production forestière (arbres produisant du bois d'œuvre).
L'agroforesterie tire parti de la complémentarité des arbres et des cultures pour mieux valoriser les ressources du milieu.

AMAP (Association pour le maintien d'une agriculture paysanne)
Les AMAP ont été créées pour favoriser l'agriculture paysanne et biologique et soutenir les agriculteurs qui avaient du mal à subsister face à l'agro-industrie et à la grande distribution.
Il s'agit en quelque sorte d'un "partenariat" entre un groupe de consommateurs et un agriculteur. Chaque semaine, l'agriculteur vient à la rencontre des consommateurs pour vendre des "paniers" composés des produits de la ferme.
Les consommateurs, de leur côté, s'engagent à acheter leur panier sur une période définie et garantissent ainsi un revenu fixe à l'agriculteur (ce qui assure le maintien de son activité agricole).
Le consommateur est assuré d'acheter des aliments frais, de saison, souvent biologiques, cultivés localement et produits à partir de variétés (végétales ou animales) de terroir ou anciennes, à un prix équitable.

B comme...

Biodynamie

Dans l'agriculture biodynamique, l'exploitation agricole forme un tout "organique" dont les parties sont accordées entre elles, de sorte que cette exploitation, autant que possible, vit de ses propres ressources et se développe en un organisme agricole individuel et clos. Elle intègre les différents aspects de l'agriculture biologique – techniques, économiques et sociaux – en s'appuyant sur les principes suivants :
– recyclage de toute la matière organique de l'exploitation dans le sol par les techniques culturales, l'utilisation de tout le fumier, du lisier et des déchets ;
– transformation de la matière organique par le compostage dirigé par des préparations à base de plantes médicinales pour obtenir une fumure vivifiant le sol.

L'agriculture biodynamique est une agriculture assurant la santé du sol et des plantes pour procurer une alimentation saine aux animaux et aux hommes. Elle accorde une grande importance aux rythmes dans la nature et à l'influence des astres, particulièrement des cycles lunaires.

Biopesticides

En agriculture biologique, les exploitants n'utilisent ni fertilisants synthétiques, ni pesticides chimiques. Ils misent dans un premier temps sur la prévention pour renforcer la résistance aux maladies, aux insectes et aux mauvaises herbes, en maintenant des sols en bonne santé et en choisissant des plantes adaptées au milieu et au climat.

Mais, lorsque cela est nécessaire, pour lutter contre les nuisibles ils font appel à différentes alternatives :
– des prédateurs (coccinelles) pour tuer les insectes, des pièges et des barrières pour les empêcher de se reproduire ;
– des pesticides biologiques qui proviennent de sources naturelles (habituellement des plantes ou des minéraux).

BOIS RAMÉAL FRAGMENTÉ
Les bois raméaux fragmentés (dits BRF) permettent de cultiver sans labour, sans engrais et sans eau (ou très peu) des végétaux alimentaires ou non. En utilisant des branches fraîchement broyées et répandues rapidement au sol, toute une pédofaune (faune du sol) et pédoflore (flore du sol) va s'installer et ainsi reproduire les mêmes mécanismes que la forêt, laquelle est autosuffisante. Les BRF sont considérés comme des aggradants (on parle alors d'aggradation, à l'inverse d'une dégradation) et présentent donc un matériau de premier choix pour restaurer les sols épuisés.

C comme…

COMPOST
Le compost est le résultat de la décomposition naturelle et de l'humification d'un mélange de matières organiques (résidus verts, déchets de cuisine, papier, fumier…) par des micro-organismes ou macro-organismes (insectes, lombrics, champignons…).
Le compost est riche en nutriments et est utilisé comme engrais. Son usage améliore la structure des sols (apport de matière organique), ainsi que la biodisponibilité en éléments nutritifs (azote). Il augmente également la biodiversité de la pédofaune (faune du sol).
Le compost est différent du fumier. Ce dernier désigne des matières organiques utilisées comme engrais ou comme fertilisant alors que le compost est le produit d'une décomposition contrôlée de produits organiques (dont, éventuellement, du fumier).

CULTURE DE COUVERT OU SEMIS DIRECT
Le semis direct sous couvert est une culture de plein champ qui consiste à implanter une culture intermédiaire entre la moisson et le prochain semis. Il ne nécessite aucune intervention mécanique de travail du sol entre la récolte de la culture précédente et le semis de la suivante.
La destruction du couvert se fait de manière naturelle, en se décomposant et en nourrissant le sol, la seconde culture prenant le pas sur l'intermédiaire. Cette technique, pratique et rentable, permet de maintenir les objectifs de

production et de protéger la qualité de l'eau et du sol sur l'exploitation et en dehors de celle-ci.

E comme...

EMPREINTE ÉCOLOGIQUE

L'empreinte écologique correspond à l'impact d'activités humaines sur les écosystèmes et la planète. Elle se mesure généralement en surface (hectares par individu, ou hectares consommés par une ville ou un pays pour répondre à ses besoins, par exemple).

Plus précisément, l'empreinte écologique quantifie pour un individu ou une population la surface bioproductive nécessaire pour produire les principales ressources consommées par cette population et pour absorber ses déchets.

L'empreinte écologique donne une idée de la part de surface planétaire utilisée pour vivre ou survivre.

F comme...

FAO

Organisation des Nations unies pour l'alimentation et l'agriculture (connue sous les sigles ONUAA ou plus couramment FAO, soit en anglais Food and Agriculture Organization of the United Nations).

Créée en 1945 à Québec, la FAO regroupe 190 membres (189 Etats plus l'Union européenne).

FONGICIDES

Un fongicide est un produit phytosanitaire conçu exclusivement pour tuer ou limiter le développement des champignons parasites des végétaux.

En agriculture biologique, de nombreuses alternatives naturelles sont proposées.

H comme...

HERBICIDES

Un herbicide est un produit phytosanitaire conçu exclusivement pour tuer ou limiter le développement des mauvaises herbes.

En agriculture biologique, de nombreuses alternati
posées.

HUMUS
Substrat organique résultant de la décomposition de [
animales, qui procure des nutriments et améliore
L'humus est l'un des principaux moyens pour renforc
duction biologique.

HYBRIDE (SEMENCE HYBRIDE)
Un hybride F1 est la première génération d'un croisement, animal ou végétal, entre deux variétés distinctes ou races de lignées pures.
Le rendement potentiel des hybrides, considéré généralement comme supérieur à celui des anciennes variétés, est cependant lié à de nombreuses contraintes climatiques ou agronomiques.
Ces plantes sont donc indissociables d'un niveau élevé d'intrants (engrais, pesticides, eau, fuel).
En France, la majeure partie des semences autorisées à la vente pour des plantes telles que le maïs, le tournesol et certaines espèces potagères sont des hybrides F1.
L'utilisation des hybrides contraint les agriculteurs à racheter ces semences chaque année : ils ne peuvent donc plus conserver une partie de leur récolte comme semence d'une année sur l'autre.
La généralisation des hybrides, associée aux réglementations imposant de suivre l'établissement d'un catalogue de semences "autorisées", rend le marché des semences totalement captif et les agriculteurs dépendants des semenciers.

J comme…

JACHÈRE
La notion de jachère est réapparue, en 1992 en Europe, dans le cadre de la Politique agricole commune comme une mesure d'ordre économique destinée à limiter la surproduction dans certaines cultures, notamment les

Les agriculteurs doivent "geler" une partie de leurs terres en ge d'une rémunération. Ils n'ont pas le droit d'utiliser cette surface. Mais, en agriculture biologique, la jachère est utilisée dans un but environnemental, pour permettre à la terre de se "reposer" et de se reconstituer.

L comme…

LISIER

Le lisier est un mélange de déjections d'animaux d'élevage (urines, excréments) et d'eau, dans lequel domine l'élément liquide. Il peut également contenir des résidus de litière (paille) en faible quantité. Il est produit principalement par les élevages de porcs, de bovins et de volailles qui n'emploient pas, ou peu, de litière pour l'évacuation des déchets (dans le cas contraire, ils produisent du fumier).
Le lisier peut s'utiliser comme engrais organique.
Contrairement à ce que l'on peut croire, le lisier n'est pas en soi polluant car les nitrates qu'il contient peuvent être rapidement absorbés par la végétation. Epandre des lisiers participe au cycle de l'azote, l'azote étant un élément indispensable à la croissance des plantes.
La pollution est due à un épandage excessif de lisier et à une trop forte pluie, survenant juste après l'épandage, empêchant les plantes d'absorber les nitrates. Cet afflux d'eau "lessive" les nitrates vers les cours d'eau et les nappes phréatiques et provoque des excès d'éléments nutritifs dans l'eau, entraînant la prolifération de végétaux, communément appelée "marées vertes".

M comme…

MICROBIOLOGIE DES SOLS

La microbiologie des sols est la science qui étudie les mécanismes de transformation des éléments constitutifs du sol par les microbes en éléments assimilables par les plantes. Elle s'attache également à comprendre les relations complexes qui unissent les microbes du sol entre eux.

Monoculture

Cette forme d'agriculture repose sur la culture d'une seule espèce végétale. Cette agriculture est déconseillée d'un point de vue agronomique, car elle entraîne l'épuisement des sols et peut, à terme, favoriser le développement des maladies et l'effondrement de la biodiversité. L'inverse est appelé polyculture.

O comme...

OGM (Organismes génétiquement modifiés)

Ce terme désigne les plantes et les animaux génétiquement modifiés par le biais d'interventions scientifiques.

Un organisme est "génétiquement modifié" lorsque son matériel génétique a été modifié de manière artificielle, par fécondation croisée ou par recombinaison naturelle. Une plante peut recevoir, par exemple, le matériel génétique d'un poisson afin d'augmenter sa résistance au gel.

Les OGM sont interdits en agriculture biologique.

P comme...

Pesticides

Un pesticide est une substance répandue dans une culture pour lutter contre des organismes nuisibles. C'est un terme générique qui rassemble les insecticides (insectes ravageurs), les fongicides (champignons), les herbicides (mauvaises herbes), les parasiticides (parasites). Les pesticides chimiques de synthèse sont interdits en agriculture biologique. Ils sont incriminés dans la pollution des eaux, la destruction de la biodiversité (insectes, microbes) et suspectés de favoriser certains cancers. Il existe, en revanche, de nombreuses alternatives naturelles.

R comme...

Révolution verte

Le terme "révolution verte" désigne le bond technologique réalisé dans l'agriculture au cours de la période 1944-1970. La révolution verte correspond à

une politique de transformation des agricultures des pays en développement (PED) et des pays les moins avancés (PMA). Elle a été rendue possible par :
- la mise au point de nouvelles variétés à haut rendement, notamment de céréales (blé et riz), grâce à la sélection variétale ;
- l'utilisation des engrais minéraux et des produits phytosanitaires ;
- la mécanisation et l'irrigation.

Pour que cette politique agricole se mette en place, les différents gouvernements ont alors décidé d'aider les producteurs pour les encourager à adopter ces nouvelles méthodes et technologies agricoles. Au départ, la révolution verte a remporté un énorme succès et a eu pour conséquence un accroissement spectaculaire de la productivité agricole. Les approvisionnements allaient de pair avec l'accroissement des populations et de la demande de nourriture, et les prix des denrées alimentaires restaient stables.

En revanche, depuis le début des années 1990, la communauté internationale reconnaît clairement les impacts négatifs de cette politique, tant aux niveaux économique, social qu'environnemental.

En effet, la révolution verte a souvent conduit à une accentuation des disparités sociales, économiques et régionales, et dans certains pays a participé à une accélération de l'exode rural.

Elle a systématiquement encouragé toutes les pratiques qui dégradent les sols et tuent la biodiversité. Cette prise en compte des "effets secondaires" liés à la révolution verte a donné lieu en 1992 à la signature de la déclaration de Rio par 189 pays. Un de ses volets, la Convention sur la diversité biologique, a généré de nombreux plans d'action nationaux de préservation de la biodiversité.

S comme…

SEMENCES

Les semences sont des graines, ou par extension d'autres organes de reproduction (bulbes, tubercules…), choisis pour être semés. C'est le premier intrant de la culture.

Depuis la première moitié du XXe siècle, la production et la commercialisation des semences font l'objet d'une définition et d'un contrôle administratif. Aujourd'hui, dans les pays développés, la production des semences est principalement assurée par des semenciers, terme désignant des entreprises spécialisées dans la sélection, la production et la commercialisation de semences sélectionnées. Pour multiplier les semences en vue d'en obtenir une quantité suffisante pour fournir le marché, ces entreprises passent des contrats avec des agriculteurs multiplicateurs.

On parle de semence fermière lorsqu'un agriculteur resème une récolte issue de semences certifiées achetées à un semencier. Il n'y a dans ce cas pas création d'une variété originale.

Le terme "semences paysannes", lui, est utilisé depuis quelques années pour désigner des semences sélectionnées et produites par des agriculteurs dans le but de faire évoluer les variétés traditionnelles de semences, sans faire appel aux semences sélectionnées par les entreprises semencières.

Depuis une vingtaine d'années, la plupart des variétés ont été rachetées et brevetées par l'industrie semencière, privant ainsi les agriculteurs du droit fondamental de produire eux-mêmes et gratuitement leurs semences comme c'était le cas depuis des millénaires.

SOUVERAINETÉ ALIMENTAIRE

La souveraineté alimentaire est un concept développé et présenté pour la première fois par Via Campesina lors du Sommet de l'alimentation organisé par la FAO à Rome en 1996. Il a depuis été repris et précisé par les altermondialistes lors des différents Forums sociaux mondiaux.

La souveraineté alimentaire est présentée comme un droit international qui laisse la possibilité aux pays ou aux groupes de pays de mettre en place les politiques agricoles les mieux adaptées à leurs populations sans qu'elles puissent avoir un impact négatif sur les populations d'autres pays.

Complémentaire du concept de sécurité alimentaire (qui concerne la quantité d'aliments disponibles et l'accès des populations à ceux-ci, l'utilisation d'aliments biologiques et la problématique de la prévention et de la gestion des crises), la souveraineté alimentaire accorde en plus une importance aux conditions sociales et environnementales de production des aliments. Elle prône un accès plus équitable à la terre pour les paysans pauvres, au moyen si nécessaire d'une réforme agraire et de mécanismes de sécurisation des droits d'usage du foncier.

Au niveau local, la souveraineté alimentaire favorise le maintien d'une agriculture de proximité destinée en priorité à alimenter les marchés régionaux et nationaux. Les cultures vivrières et l'agriculture familiale à petite échelle doivent être favorisées, du fait de leur plus grande efficacité économique, sociale et environnementale, comparées à l'agriculture industrielle et aux plantations à grande échelle où travaillent de nombreux salariés. La souveraineté alimentaire privilégie des techniques agricoles qui favorisent l'autonomie des paysans. Elle est donc favorable à l'agriculture biologique et à l'agriculture paysanne. Elle refuse l'utilisation des plantes transgéniques en agriculture.

T comme…

TRANSGÉNIQUE

Un organisme transgénique, communément appelé "OGM" (cf. ce mot), est un organisme vivant dont le génome a été modifié en lui insérant des gènes étrangers par manipulation en laboratoire.

Plus d'informations :
www.reseau-amap.org
http://ec.europa.eu/agriculture/organic/glossary_fr&start=3
www.fao.org/organicag/glossaire/fr/
www.intelligenceverte.org/GlossaryItems.asp
www.terre-humanisme.org
www.lams-21.com/
www.mdrgf.org/

DIX ACTIONS SIMPLES, DÈS AUJOURD'HUI

1. Consommer bio, local et de saison
S'approvisionner auprès de producteurs locaux (AMAP, marchés, fermes)
Réapprendre à cuisiner
Eviter le gaspillage

2. Revégétaliser l'environnement urbain
Végétaliser des espaces urbains (terrasses, cours, toits…)
Créer un compost urbain
Créer des jardins partagés

3. Créer un potager bio
Dans son jardin…
Dans un jardin partagé…

4. Créer une AMAP

5. Cultiver des semences potagères et biologiques
Acheter des semences anciennes
Créer une banque de semences

6. Créer un marché de producteurs bio et locaux

7. Convertir une cantine en bio
Cantine scolaire
Restauration collective (cantine d'entreprise, restaurant, hôtel)

8. S'installer ou se convertir à l'agriculture biologique

9. Recréer un périmètre de souveraineté alimentaire
Favoriser le maintien d'une agriculture de proximité destinée en priorité à alimenter les marchés régionaux et nationaux.

10. Agir en ville
S'approvisionner auprès de producteurs locaux (AMAP, marchés…)

BIBLIOGRAPHIE

OUVRAGES :

Alinsky, Saul, *Rules for Radicals. A Practical Primer for Realistic Radicals*, Random House, New York, 1971.

Bourguignon, Claude et Lydia, *Le Sol, la terre et les champs. Pour retrouver une agriculture saine*, Sang de la Terre, Paris, "Les dossiers de l'écologie", 1989, 2ᵉ éd. 2008.

Carson, Rachel, *Le Printemps silencieux*, Plon, Paris, "Le Livre de poche", 1968, traduit par Jean-François Gravrand. Trad. révisée par Baptiste Lanaspeze, Wildproject, Marseille, 2009.

Desbrosses, Philippe :

Acheter bio. Le guide Hachette des produits bio, Hachette pratique, Paris, 2007.

Nous redeviendrons paysans, Alphée-Jean-Paul Bertrand, Monaco, "Documents", 2007.

Agriculture biologique : préservons notre futur, Alphée, Monaco, "Documents", 2006.

Le Pouvoir de changer le monde. L'intelligence verte, Alphée, "Documents", Monaco, 2006.

La Vie en bio, Hachette pratique, Paris, 2001.

L'Intelligence verte. L'agriculture de demain, Rocher, Monaco, "Conscience de la terre", 1997.

La Terre malade des hommes. La bio-révolution, Rocher, Monaco, "Equilibre", 1990.

Krach alimentaire : nous redeviendrons paysans, Rocher, Monaco, "Documents", 1988.

Desbrosses, Philippe, Bailly, Emmanuel, Nghiem, Than, *Terres d'avenir : pour un mode de vie durable*, Alphée-Jean-Paul Bertrand, Monaco, "Documents", 2007.

Desbrosses, Philippe, Calmé, Nathalie, *Médecines et alimentation du futur. Santé et modes de vie*, Courrier du livre, Paris, 2009.

Desbrosses, Philippe et Jacqueline, *Le Guide Hachette du bio*, Hachette, Paris, 2000.

Fouque, Antoinette :

Génération MLF 1968-2008, Des femmes, Paris, 2008.

Gravidanza. Féminologie II, Des femmes, Paris, 2007.

Il y a deux sexes, Gallimard, Paris, "Le débat", 2004.

Mémoire de femmes, 1974-2004, Des femmes, Paris, 2004.

Catherine Deneuve. Portraits choisis, Des femmes, 1993.

Fukuoka, Masanobu. *La Révolution d'un seul brin de paille. Une introduction à l'agriculture sauvage*, Maisnie, Paris, 1983.

Guillet, Dominique, *Semences de Kokopelli*, Association Kokopelli, Alès, 9ᵉ éd.

Kousmine, Catherine, *Sauvez votre corps!*, R. Laffont, Paris, 1987.

LATOUCHE, SERGE:

Entre mondialisation et décroissance. L'autre Afrique, A plus d'un titre, Lyon, "La ligne d'horizon", 2008.

Petit traité de la décroissance sereine, Mille et une nuits, Paris, "Les petits libres", 2007. *Le Pari de la décroissance*, Fayard, Paris, "Documents", 2006.

L'Invention de l'économie, Albin Michel, Paris, "Bibliothèque Albin Michel. Economie", 2005.

La Mégamachine. Raison technoscientifique, raison économique et mythe du progrès, La Découverte, Paris, "Recherches. Bibliothèque du MAUSS", 2004.

Survivre au développement. De la décolonisation de l'imaginaire économique à la construction d'une société alternative, Mille et une nuits, Paris, "Les petits libres", 2004.

Décoloniser l'imaginaire. La pensée créative contre l'économie de l'absurde, Parangon, Lyon, "L'après-développement", 2003.

Justice sans limites. Le défi de l'éthique dans une économie mondialisée, Fayard, Paris, "Documents", 2003.

La Déraison de la raison économique. Du délire d'efficacité au principe de précaution, Albin Michel, Paris, "Bibliothèque Albin Michel. Economie", 2001.

La Planète uniforme, Climats, Castelnau-le-Lez, "Sisyphe", 2000.

L'Autre Afrique. Entre don et marché, Albin Michel, Paris, "Bibliothèque Albin Michel. Economie", 1998.

L'Occidentalisation du monde. Essai sur la signification, la portée et les limites de l'uniformisation planétaire, La Découverte, Paris, "Agalma", 1989.

MICHÉA, JEAN-CLAUDE:

La Double Pensée. Retour sur la question libérale, Flammarion, Paris, "Champs. Essais", 2008.

L'Empire du moindre mal. Essai sur la civilisation libérale, Climats, Paris, 2007.

Orwell éducateur, Climats, Castelnau-le-Lez, "Sisyphe", 2003.

Impasse Adam Smith. Brèves remarques sur l'impossibilité de dépasser le capitalisme sur sa gauche, Climats, Castelnau-le-Lez, "Sisyphe", 2002.

L'Enseignement de l'ignorance et ses conditions modernes, Climats, Castelnau-le-Lez, "Micro-climats", 1999.

Les Intellectuels, le peuple et le ballon rond. A propos d'un livre d'Eduardo Galeano, Climats, Castelnau-le-Lez, "Micro-climats", 1998.

Orwell, anarchiste tory, Climats, Castelnau-le-Lez, "Micro-climats", 1995.

Ohsawa, Georges, *Le Zen macrobiotique ou l'Art du rajeunissement et de la longévité*, J. Vrin, Paris, 1976.

PRIMAVESI, ANA :

Cartilha do Solo, Fundação Mokiti Okada, São Paulo, 2006.

Gaia's Gift. Earth, Ourselves and God after Copernicus, Routledge, Londres, 2003.

Sacred Gaia. Holistic Theology and Earth System Science, Routledge, Londres, 2000.

Agroecologia, Ecosfera, Tecnosfera e Agricultura, Nobel, São Paulo, 1997.

Do Apocalipse ao Gênesis. Ecologia, feminismo e cristianismo, Paulinas, São Paulo, 1996.

Agricultura sustentavel. Manual do produtor rural, Nobel, São Paulo, 1992.

Manejo Ecológico de Pragas e Doenças. Tecnicas alternativas para a producao agropecuaria e defesa de meio ambiente, Nobel, São Paulo, 1988.

Manejo Ecológico de Pastagens, Nobel, São Paulo, 1984.

Manejo Ecológico do Solo. A Agricultura em Regiões Tropicais, Nobel, São Paulo, 1982.

RABHI, PIERRE :

Vers la sobriété heureuse, Actes Sud, Arles, 2010.

Manifeste pour la Terre et l'humanisme. Pour une insurrection des consciences, Actes Sud, Arles, 2008.

Conscience et environnement. La symphonie de la vie, Le Relié, Gordes, "Le Relié poche", 2006.

La Part du colibri. L'espère humaine face à son devenir, L'Aube, La Tour-d'Aigues, "L'Aube poche essai", 2006.

Parole de terre. Une initiation africaine, Albin Michel, Paris, "Espaces libres", 1996.

Le Recours à la terre, Terre du ciel, Lyon, "Rebelle", 1995.

Le Gardien du feu. Message de sagesse des peuples traditionnels, Candide, Lavilledieu, 1988.

L'Offrande au crépuscule, Candide, Lavilledieu, 1988.

Du Sahara aux Cévennes. Itinéraire d'un homme au service de la Terre-mère, Candide, Lavilledieu, 1983.

Rabhi, Pierre, Boutry, Geneviève, Mouton, Marie-Anne, *Petits mondes de la forêt*, les Petites Vagues, La Broque, 2007.

Rabhi, Pierre, Durand, Jacques-Olivier, *Terre-mère, homicide volontaire?*, Le Navire en pleine ville, Saint-Hippolyte-du-Fort, "Avis de tempête", 2007.

Rabhi, Pierre, Hulot, Nicolas, *Graines de possibles: regards croisés sur l'écologie*, Calmann-Lévy, Paris, 2005.

SERREAU, COLINE :
La Belle Verte, Actes Sud, Arles, "Scénario", 2009.

L'Académie Fratellini. Le cirque de plain-pied, Saint-Denis, Actes Sud, Arles, "L'impensé", 2008.

SHARMA, DEVINDER :

In the Famine Trap, UK Food Group, Ecological Foundation, Londres, New Delhi, 1997.

GATT to WTO. Seeds of Despair, Konark, New Delhi, 1995.

GATT and India. The Politics of Agriculture, Konark, New Delhi, 1994.

SHIVA, VANDANA :

Earth Democracy. Justice, Sustainability, and Peace, South End Press, Cambridge, 2005.

La vie n'est pas une marchandise. Les dérives des droits de propriété intellectuelle, L'Atelier, Paris, "Enjeux planète", 2004, traduit par Lise Roy-Castonguay.

La Guerre de l'eau. Privatisation, pollution et profit, Parangon, Lyon, 2003, traduit par Lucie Périneau.

La Biopiraterie ou le Pillage de la nature et de la connaissance, Alias etc., Paris, "Ethique et enquêtes", 2002, traduit par Denise Luccioni et Julien Barrabé.

Le Terrorisme alimentaire, Fayard, Paris, 2001, traduit par Marcel Blanc.

Stolen Harvest. The Hijacking of the Global Food Supply, South End Press, Cambridge, 2000.

Tomorrow's Biodiversity, Thames & Hudson, Londres, 2000.

Ethique et agro-industrie : main basse sur la vie, l'Harmattan, Paris, "Femmes et changements", 1996, traduit par Marie-Paule Nougaret.

Monocultures of the Mind. Perspectives on Biodiversity and Biotechnology, Zed Books, Londres, 1993.

Biodiversity. Social & Ecological Perspectives, Zed Books, Londres, 1992.

Ecology and the Politics of Survival. Conflicts over Natural Resources in India, United Nations University Press, Tokyo, New Delhi, Londres, 1991.

The Violence of the Green Revolution. Third World Agriculture, Ecology and Politics, Zed Books, Londres, 1991.

Shiva, Vandana, Mies, Maria, *Ecoféminisme*, L'Harmattan, Paris, "Femmes et changements", 1998, traduit par Edith Rubinstein, Pascale Legrand, Marie-Françoise Stewart-Ebel.

STEDILE, JOÃO PEDRO:

A Questão Agrária no Brasil. Programas de Reforma Agrária: 1946-2003, Expressão Popular, São Paulo, 2005.

A Questão Agrária no Brasil. O Debate na Esquerda: 1960-1980, Expressão Popular, São Paulo, 2005.

A Questão Agrária no Brasil. O Debate Tradicional: 1500-1960, Expressão Popular, São Paulo, 2005.

Gens sans terre. La trajectoire du MST *et la lutte pour la terre au Brésil*, Temps des cerises, Pantin, 2003, traduit par Maria do Fetal de Almeida, Jean-Yves Martin.

Stedile, João Pedro, Chauí, Marilena, Boff, Leonardo, *Leituras da Crise*, Perseu Abramo, São Paulo, 2006.

Stedile, João Pedro, Oliveira de, Francisco, Genoíno, José, *Classes Sociais em Mudança e a Luta Pelo Socialismo*, Perseu Abramo, São Paulo, 2000.

Stedile, João Pedro, Traspadini, Roberta, *Ruy Mauro Marini. Vida e Obra*, Expressão Popular, São Paulo, 2005.

VIVERET, PATRICK:

Comment sortir des logiques guerrières? Une conférence-débat de l'association Emmaüs, rue d'Ulm, Paris, "Les conférences-débats, la rue? Parlons-en!", 2008.

Pourquoi ça ne va pas plus mal?, Fayard, Paris, "Transversales", 2005.

Reconsidérer la richesse, L'Aube, La Tour-d'Aigues, "Monde en cours. Intervention", 2004.

Démocratie, passions et frontières. Réinventer la politique et changer d'échelle, Charles Léopold Meyer, Paris, 1998.

L'Evaluation des politiques et des actions publiques. Propositions en vue de l'évaluation du revenu minimum d'insertion: rapports au Premier ministre, La Documentation française, Paris, "Collection des rapports officiels", 1989.

Attention, Illich, éditions du Cerf, Paris, "Attention", 1976.

Viveret, Patrick, Rosanvallon, Pierre, *Pour une nouvelle culture politique*, Seuil, Paris, "Intervention", 1977.

Viveret, Patrick, Delamas-Marty, Mireille, Morin, Edgar, Losson, Christian, *Pour un nouvel imaginaire politique*, Fayard, Paris, "Documents", 2006.

WHITAKER, CHICO :

Changer le monde. Nouveau mode d'emploi, L'Atelier, Ivry-sur-Seine, 2006, traduit par Celina Whitaker, Julien Foirier.

O desafio do Fórum Social Mundial : um modo de ver, Perseu Abramo, São Paulo, 2005.

Ideas para acabar com os picaretas. Cidadania ativa e podor legislativo, Paz e Terra, São Paulo, 1994.

O que é vereador, Brasiliense, São Paulo, 1992.

YUNUS, MUHAMMAD :

Vers un monde sans pauvreté. L'autobiographie du banquier des pauvres, Lattès, Paris, 1997, traduit par Olivier Ragasol Barbey, Ruth Alimi.

Yunus, Muhammad, Weber, Karl, *Vers un nouveau capitalisme*, Lattès, Paris, 2008, traduit par Béatrice d'Aubigné, Annick Steta.

ARTICLES :
Bailly, Emmanuel, "Construire des écorégions", revue *L'Ecologiste* n° 18, *The Ecologist*, France, Paris, mars-avril-mai 2006, p. 38-40.
Vandana, Shiva, "The Green Revolution in the Punjab", *The Ecologist* n° 21/2, Londres, mars-avril 1991, p. 57-60.

ARTICLES ET SITES INTERNET :
Bailly, Emmanuel, "Vers une démarche écorégionale, le concept de l'écorégion ou comment restaurer le système immunitaire des régions", Assises du Limousin, site Notre Planète Info : http://www.notre-planete.info/ecologie/devdurable/region/ecoregion2005.pdf, avril-mai 2005.
Desbrosses, Philippe :
Site de l'association Intelligence verte, http://www.intelligenceverte.org/Fondateurs.asp
Article sur l'auteur, Wikipédia, http://fr.wikipedia.org/wiki/Philippe_Desbrosses
Guillet, Dominique :
Articles en français disponibles sur le site Liberterre, http://www.liberterre.fr/gaiagnostic/dominique/index1.html
"Les écolos-thermistes", 20 octobre 2009.
"Effet de serres et révolution verte eugénique", 7 octobre 2009.
"Lutins, mutins, dans les jardins. Polléniseurs, humuseurs, et convivialité", 18 février 2009.
"La rage au cœur, l'amour à l'âme", 8 février 2009.
"Kokopelli, le joueur de flûte enchantée dans le rêve de Gaïa", novembre 2008.
"Nicolas et Pimprenelle de l'environnement", 7 juin 2007.
"Agriculture biologique et fixation de CO_2", 1er juin 2007.
"Le non-labour dans les sillons de l'agro-chimie", 27 mai 2007.
"Requiem pour nos abeilles", 12 mai 2007.
"Planète Terre, planète désert ?", 3 mai 2007.
"Mettez du sang dans votre moteur ! La tragédie des nécro-carburants", 24 mars 2007.
"Carbone, mon amour"
"Hommage à Roger Heim. L'écologiste, le mycologue, le psychonaute"
"Les caniculs-bénis. Une nouvelle hystérie religieuse au service de l'Ordre Mondial"
Articles en espagnol disponibles sur le site Liberterre, http://www.liberterre.fr/gaiagnostic/cronicas/index2.html
"Cuales semillas para alimentar a los pueblos ?", 2005, traduit par Mayra Marin et François Aymonier.

"El Cátalogo nacional : un perjuicio agrícola", traduit par Sharanam en Auroville.
Guillet, Dominique, Jacquin, Raoul, "Manifesto para la libertad de las semillas de vida".
Vandana, Shiva :
Site du réseau Navdanya : www.navdanya.org/
Article sur l'auteur, Wikipédia : http://fr.wikipedia.org/wiki/Vandana_Shiva
Site national des AMAP, www.reseau-amap.org
Site "Le bio" créé à l'initiative de la direction générale de l'Agriculture et du Développement rural de la Commission européenne,
http://ec.europa.eu/agriculture/organic/glossary_fr&start=3
www.fao.org/organicag/glossaire/fr/
Site d'Organic Agriculture, www.intelligenceverte.org/GlossaryItems.asp
Site de Terre & Humanisme, www.terre-humanisme.org
Site du laboratoire LAMS, www.lams-21.com/
Site du Mouvement pour le droit et le respect des générations futures, MDRGF, www.mdrgf.org/

COLINE SERREAU

Fille de l'écrivain Geneviève Serreau et du metteur en scène Jean-Marie Serreau, Coline Serreau naît à Paris en octobre 1947. Après l'obtention du baccalauréat, elle suit parallèlement des études de lettres, et d'orgue et de musicologie au Conservatoire supérieur de musique. Elle fréquente par ailleurs l'école du cirque d'Annie Fratellini (où elle a appris le trapèze).
Attirée par le théâtre, elle se tourne finalement vers les arts dramatiques. Elle entre comme apprentie comédienne au centre de la rue Blanche en 1968. Elle effectue un stage à la Comédie-Française en 1969, avant de s'orienter vers l'écriture de scénarios ainsi que vers la mise en scène pour le cinéma, le théâtre et l'opéra.
Elle signe notamment son premier scénario en 1973 : *On s'est trompé d'histoire d'amour*, de Jean-Louis Bertucelli, dont elle est l'actrice principale.
En 1975, elle réalise son premier film : *Mais qu'est-ce qu'elles veulent !*, ce qui lui donne sa réputation d'artiste engagée et féministe. Elle connaît un vrai succès auprès de la critique en 1977 avec son second film : *Pourquoi pas ?*, qui réunit Sami Frey, Mario Gonzales et Christine Murillo.
En 1981 elle réalise : *Qu'est-ce qu'on attend pour être heureux ?*.
En 1985, *Trois hommes et un couffin* fait son entrée dans les salles. Avec plus de 12 millions d'entrées, et trois césars, il compte parmi les records du nombre d'entrées pour un film français et sera adapté dans un remake hollywoodien.
Elle réalise ensuite : *Romuald et Juliette*, *La Crise* (césar du meilleur scénario), *La Belle Verte*, puis *Chaos* (nominé sept fois aux césars), *18 ans après* et *Saint-Jacques... La Mecque*.
Elle poursuit en parallèle une carrière au théâtre.
Après plusieurs pièces aux côtés de Coluche et de Romain Bouteille, elle joue dans de nombreux spectacles écrits de sa main ou d'autres artistes dont *Comme il vous plaira* de Shakespeare, *Lapin Lapin*, *Quisaitout et Grobêta* (cinq molières), *Le Salon d'été*, pièces dont elle est l'auteur, et *Le Cercle de craie caucasien* de Bertolt Brecht.

En 2000, elle met en scène à l'Opéra-Bastille : *La Chauve-Souris* de J. Strauss et en 2002 *Le Barbier de Séville* de Rossini, spectacle repris de nombreuses fois ensuite, et programmé jusqu'en 2012.

En 2006, elle joue Arnolphe dans *L'Ecole des femmes* de Molière, spectacle qu'elle met en scène au théâtre de la Madeleine.

Elle a été deux ans présidente de l'ARP, l'Association des réalisateurs producteurs, et est actuellement présidente de l'académie Fratellini qui forme de jeunes artistes de cirque de haut niveau.

Artiste polyvalente, elle a composé la musique de *18 ans après* et de *La Belle Verte*.

Elle dirige depuis 2003 la chorale du Delta qui donne de nombreux concerts.

Son film *Solutions locales pour un désordre global* sort en avril 2010. Elle prépare la mise en scène de *Manon* de Massenet, pour l'Opéra-Bastille en 2012, et un long métrage de fiction adapté d'un roman de George Sand.

Son théâtre a été publié par Actes Sud-Papiers. Chez Actes Sud, elle a en outre publié un livre sur l'académie Fratellini, et un livre DVD avec le scénario de *La Belle Verte*.

Elle est l'auteur d'une œuvre de photographies inventées, les *Photopeintures*.

Elle a été élevée au grade de chevalier de la Légion d'honneur le 14 juillet 2004 par Jacques Chirac.

Ouvrage réalisé par l'Atelier graphique Actes Sud
Suivi éditorial : Marie-Marie Andrasch
Fabrication : Camille Desproges
Correction : Aïté Bresson et Valérie Senné
Photogravure : Terre Neuve

Reproduit et achevé d'imprimer en avril 2010
par l'imprimerie Vasti-Dumas à Saint-Etienne
pour le compte des éditions Actes Sud,
Le Méjan, place Nina-Berberova, 13200
Numéro d'imprimeur : V004736/00

encres végétales

Dépôt légal
1re édition : avril 2010